AF230267

LE BIOGRAPHE UNIVERSEL.

PUBLICATIONS

de la Revue générale Biographique, Politique et Littéraire.

GALERIE POLITIQUE.

XIV.

NOAILLES (le Duc de).

PARIS:

Bureau Central de la Revue générale Biographique, Politique et Littéraire.

Rue Louis-le-Grand, 9.

1842.

GALERIE POLITIQUE.

SOUS PRESSE :

THIERS. — DREUX-BRÉZÉ. — LAS-CASES. — LAFFITTE. — DUC DE CAZES. — SAINT-CRICQ. — PASQUIER. — MONTALIVET. — D'APPONY. — LÉOPOLD (Roi). — ISTU-RITZ. — NICOLAS (Empereur). — MAUGUIN. — ESPAR-TERO. — LE HON. — LE DUC D'ORLÉANS. — DUFAURE. — PASSY. — PARANT. — BROGLIE. — DUVERGIER DE HAURANNE. — RÉMUSAT. — DUCHATEL. — FULCHI-RON. — CHAPUYS-MONTLAVILLE. — DE BRIGODE. — SAUZET. — JAUBERT. — VOYER-D'ARGENSON. — PERIER. — GASPARIN. — D'ARGUELLES. — MOUNIER. — E. DE GIRARDIN. — TESTE. — MARTIN (du Nord). — GARNIER-PAGÈS. — MAHUL. — CORMENIN. — MONTALEMBERT. — DE TOCQUEVILLE. — D'AMBRAY. — GRANDIN. — LORD BROUGHAM. — MARCHAL. — LORD COWLEY. — ISAMBERT. — QUÉNAULT. — MIRAFLORES. — DUSOL-LIER. — BARTHE. — HUMANN. — MEILHEURAT. — VATOUT. — NOTHOMB. — SALVANDY. — GANNERON. — CUNIN-GRIDAINE. — PAHLEN. — ROYER-COLLARD. — — LEGRAND. — PERSIL. — GALIANO. — DUC DE FRIAS. — DE MÉRODE. — MARIE-LOUISE (ex-Impératrice). — PASTO-RET. — OLOZAGA. — BERNADOTTE (Roi). — MARIE-CHRISTINE (la Reine). — LORD GRANVILLE. — ZÉA-BERMUDEZ. — BERRYER. — TORÉNO. — LOUIS NAPOLEON (le Prince). — LOUIS-PHILIPPE (le Roi). — VICTORIA (la Reine.) — Mme LA DUCHESSE DE BERRY. — Etc.

TIRAGE A PART.

NOAILLES (LE DUC DE).

Egards et justice pour tous.

IMPRIMERIE DE MADAME DE LACOMBE,
rue d'Enghien, 12.

BIBLIOTHEQUE ROYALE

NOAILLES (LE DUC DE).

Lœdimur aud aura Lethali.

M. le duc *Paul* de NOAILLES, pair de France, chevalier de la Toison d'Or, etc., est le chef actuel d'une famille illustre entre toutes les grandes familles historiques de France.

La maison de Noailles est ainsi appelée d'un château de ce nom qui existe entre Brive et

Turenne, dans la province du Limousin. Elle
date, dans l'histoire, de Renaud, qui vivait en
l'an 1023, et compte des preux et des abbés, des
maréchaux, des prélats, des ambassadeurs, des
ministres, des amiraux, des gouverneurs de province, un cardinal, un vice-roi, des grands d'Espagne, etc.

Dès le seizième siècle, la maison de Noailles
était arrivée à un haut degré de splendeur et de
puissance. C'est alors qu'existaient les trois frè-
res *Antoine*, *François* et *Gilles* de NOAILLES, qui
ont laissé, le second surtout, un nom célèbre
dans les annales de la diplomatie. En 1663, la
terre d'Ayen, qui était déjà un comté, fut érigée
en duché-pairie, en faveur d'Anne de Noailles.

Sous le règne de Louis XIV, on retrouve encore,
dans notre histoire, trois hommes éminens de
la famille de Noailles : *Anne-Jules*, qui fut maréchal de France, gouverneur du Roussillon et
vice-roi de Catalogne ; *Louis-Antoine*, qui fut
archevêque de Paris et cardinal ; *Adrien-Mau-
rice*, qui épousa la nièce de madame de Maintenon, fut aussi maréchal de France, gouverneur
du Roussillon, grand d'Espagne et ministre
d'état.

Ici, du reste, nous nous bornerons à cette sim-
ple indication du passé brillant de la maison de
Noailles qui, par l'éclat de ses alliances et le talent de ses membres, s'est élevée, à la cour des
derniers rois de la vieille France, aux plus hautes

faveurs et aux plus grandes charges, et qui, pendant la révolution, a vu périr, en un seul jour, trois de ses générations sur l'échafaud révolutionnaire. Nous avons seulement voulu rappeler l'illustration des ancêtres de M. le duc de Noailles, afin d'éclairer d'un jour plus lumineux cette étude biographique et parlementaire.

Nous croyons, en effet, que lorsqu'on veut être juste et vrai, on ne doit pas isoler l'héritier d'un grand nom de ses traditions de famille et de ses devoirs de naissance. Un passé glorieux impose l'obligation de perpétuer l'illustration d'une famille; il trace également d'avance une ligne dont la direction est naturellement indiquée par les souvenirs qu'il rappelle et par les sentimens qu'il lègue. La fidélité à ces souvenirs et à ces sentimens est alors commandée par un principe d'honneur d'autant plus respectable, qu'il est à la fois inspiré par la tombe des pères et par le berceau des enfans. Cette fidélité a aussi son utilité sociale, lorsqu'elle est comprise avec intelligence. Elle devient alors l'un des élémens modérateurs et conservateurs les plus purs, les plus puissans, les plus moraux dans l'action progressive et transformatrice d'un peuple; les représentans des anciennes maisons qui savent appliquer, avec un jugement éclairé, aux mœurs et aux idées de notre temps, les vieilles traditions de notre histoire, sont comme les anneaux qui servent à rattacher les générations présentes aux générations passées.

Or, selon nous, ceci est l'un des traits principaux et saillans de l'homme éminent que nous allons peindre.

Mais, à nos yeux, M. le duc de Noailles n'est pas seulement dans la société actuelle, l'un de ces liens mystérieux, providentiels, nécessaires, qui unissent l'avenir de la patrie à son passé; il représente encore la fraction la plus intelligente du parti légitimiste, celle qui nous semble appelée à exercer une influence déterminante sur les destinées de la France, en mêlant, par son frottement continuel, légal et régulier avec les diverses fractions de l'opinion publique, ses instincts de conservation et ses élémens d'ordre, aux élémens de transformation et aux instincts de mouvement qui sont plus spécialement dans la nature des autres partis politiques.

On voit tout de suite de quel point de vue nous voulons examiner, dans cette étude, la carrière législative et l'action parlementaire de M. le duc de Noailles. Dans un gouvernement comme le nôtre, où les plus grands intérêts sociaux se règlent sous l'empire de la discussion publique, où tous les citoyens ressentent le contre-coup du choc violent des diverses opinions entre elles, où la marche des affaires de l'état suit l'oscillation des triomphes et des revers successifs de chaque parti, l'homme qui personnifie, ainsi que M. le duc de Noailles, l'un de ces partis, l'une de ces opinions, acquiert aussitôt une haute signification morale; et l'importance personnelle qui est due à son caractère, à son talent, à sa position, s'accroît de toute l'importance qu'ont, dans le pays, les intérêts et les doctrines qu'il représente.

Mais pour mieux apprécier le caractère et l'utilité de la mission conservatrice que M. le duc de Noailles remplit à la Chambre des pairs, il est nécessaire d'examiner auparavant la situation du parti légitimiste. Ce parti se divise en deux grandes fractions, séparées, moins par des divergences d'opinion que par des différences de conduite.

Ces deux fractions restent unies par la communauté des principes, liées par l'identité des idées et par la conformité des sentimens; toutes deux enfin regrettent, avec une égale sincérité, la destruction des conditions de gouvernement auxquelles le parti tout entier croit qu'est attachée la prospérité de la France.

L'une de ces deux fractions se subdivise encore en deux nuances. Ainsi, les uns protestent silencieusement contre le pouvoir né de la révolution de 1830, par une retraite absolue que l'on pourrait appeler une émigration intérieure; les autres, au contraire, écoutent davantage leurs sentimens, leurs illusions, leurs antipathies, et font au gouvernement actuel, dont ils ne veulent, dont ils n'attendent rien, une guerre systématique, violente, passionnée, se servant de toutes les armes, avec une imprudence dont ils pourraient être les premières victimes, car s'ils parvenaient à renverser ce qui existe, ne serait-il pas à craindre que la monarchie du 7 août n'entraînât la société tout entière dans sa chute.

La seconde fraction du parti légitimiste n'est pas moins convaincue que l'autre du mal immense que la catastrophe de 1830 a fait à la France, soit en lui créant une situation extérieure difficile, soit en lui léguant une situation intérieure orageuse, et, surtout, en posant des prémices dont les conséquences sont naturellement révolutionnaires. Cette fraction met également tous ses soins et fait tous ses efforts pour persuader au pays cette vérité dont il serait si utile qu'il fût pénétré, afin qu'il s'opposât du moins, avec énergie, au développement des doctrines destructives que la révolution de 1830 portait en elle. Mais, guidée par des vues politiques plus justes et plus vraies, ainsi que par une appréciation plus exacte et plus intelligente de l'état actuel de la France, elle accepte avec plus de calme et d'impartialité les évènemens qui se sont accomplis et les hommes que ces évènemens ont produits. Aussi, plus attentive peut-être que l'autre fraction à ne pas compromettre l'ordre social, en dirigeant contre le fait de la révolution de 1830 des attaques trop violentes, elle évite de s'allier, contre la monarchie du 7 août, avec les ennemis ardens que celle-ci a dans le parti révolutionnaire, et se présente, plutôt comme

la gardienne des doctrines salutaires que proté-
geait le principe de la légitimité, que comme la
gardienne de la légitimité elle-même.

Le parti légitimiste a donc, comme tous les
partis nombreux, ses exaltés et ses modérés; les
uns, plus préoccupés de l'inconvénient de consolider ce qui existe que du danger de le renverser; les autres, plus frappés du danger de le renverser que de l'inconvénient de le consolider;
ceux-là, plus passionnés et plus imprudens; ceux-
ci, plus éclairés et plus prévoyans; les uns et les
autres, du reste, également animés de sentimens
honorables.

La fraction des exaltés et la fraction des modérés ont donc, comme on le voit, le même point
de départ sur le terrain des principes; mais elles
se séparent sur la route, pour marcher dans des
voies diverses. Ce qui alarme surtout la conscience de la première, n'est plus ce qui alarme
d'abord la conscience de la seconde. L'une
poursuit, dans sa fièvre d'opposition, l'espoir
d'une révolution nouvelle, qu'elle regarde, d'ailleurs, comme inévitable dans la situation actuelle
de la France, et dont elle se flatte que l'issue dé-
finitive sera le retour de la branche aînée des
Bourbons; l'autre lutte, avant tout, dans sa sagesse et sa prudence, contre le développement
des conséquences du dogme de la souveraineté du peuple. Elle préfère enfin le risque de
contribuer à légitimer une nouvelle souche de

rois, en aidant le gouvernement à rasseoir sur sa base la société ébranlée, au risque de courir la chance de voir cette société s'abîmer tout entière, au milieu des perturbations intérieures et des complications extérieures qui naîtraient sans doute du renversement de la monarchie du 7 août. C'est à la raison publique qu'elle s'adresse, ne cherchant qu'à montrer au pays où est réellement le danger et où seraient les vraies conditions de son repos, de sa grandeur et de sa prospérité. — De cette différence, dans les espérances et dans les craintes, vient la différence du langage employé par les deux fractions du parti légitimiste, la différence de l'attitude que l'une et l'autre ont prise.

Les légitimistes exaltés n'ont pas craint d'emprunter momentanément au principe même qu'ils condamnent, au dogme de la souveraineté du peuple, sa puissance d'attaque; et, pendant que plusieurs d'entre eux se bornent à ne rien faire pour comprimer les mauvaises passions, les autres choisissent le rôle d'opposans actifs et se font révolutionnaires dans les élections, révolutionnaires dans la presse et quelquefois même à la tribune.

Les légitimistes modérés ont vu, eux, les dangers de la société menacée dans son existence, et ils restent conservateurs dans leurs actes et dans leur langage, comme ils le sont dans leurs sentimens et dans leurs doctrines.

C'est dans cette dernière fraction que, dès l'origine, M. le duc de Noailles s'est résolument rangé. C'est de cette fraction, qui deviendra chaque jour plus nombreuse et plus importante, qu'il est le chef naturel ; c'est elle qu'il représente et qu'il personnifie. C'est donc à ce titre, c'est donc de ce point de vue que nous allons apprécier son rôle parlementaire et sa valeur politique.

M. le duc de Noailles fut appelé au droit de succession de la pairie de son grand-oncle, par une ordonnance royale, datée du 12 janvier 1823. Cette même année, il épousa mademoiselle de Rochechouart-Mortemart, fille du duc de Mortemart, mort en 1812. Le 5 février 1827, il prenait séance à la Chambre des pairs, seulement avec voix consultative. Le droit de voter n'appartenait, d'après la charte, aux pairs de France, qu'à l'âge de trente ans accomplis, et M. le duc de Noailles qui est né à Paris, le 4 janvier 1802, n'en avait alors que vingt-cinq. Pendant les trois premières années qui suivirent son admission, il se montra rarement au palais du Luxembourg. A cette époque, il s'occupait de compléter ses études par d'importans voyages.

Ainsi, la carrière politique de M. le duc de Noailles date du lendemain de la révolution de 1830. Elle s'ouvre avec l'une des époques les plus mémorables et, en même temps, les plus périlleuses et les plus critiques de notre histoire.

La situation était difficile pour tous les hommes naturellement appelés, à un titre quelconque, à exercer une influence directe sur la marche des affaires publiques. Mais elle l'était davantage encore, peut-être, pour ceux qui se trouvaient placés, comme M. le duc de Noailles, entre des exigences opposées et des devoirs contraires. Il y avait, en effet, dans le parti qu'il allait prendre à ce moment-là, une question de sentiment et d'honneur, d'un côté ; et, de l'autre, une question de patriotisme et de prévoyance. L'incertitude était permise et l'erreur devenait excusable, car il pouvait y avoir doute et perplexité dans la conscience.

M. le duc de Noailles cependant n'hésita pas sur la conduite qui lui était également commandée par sa position et par les circonstances. Il démêla promptement, avec la sagacité d'un coup-d'œil juste et droit, quels étaient les véritables écueils de la situation, quels étaient les périls les plus pressans et les plus redoutables. Il aperçut, tout de suite, de quel côté de l'horizon pouvait surgir une tempête, et quels points de l'édifice social il fallait, avant tout, fortifier et défendre. Il resta donc à la Chambre des pairs, non pour attaquer, mais pour surveiller le gouvernement, dans l'intérêt général du pays, et préserver les institutions de la France d'un complet naufrage. C'était à la fois de sa part un acte de conscience et d'intelligence.

C'est le 19 avril 1831, que M. le duc de Noailles aborda, pour la première fois, la tribune de la Chambre des pairs, à l'occasion du projet de loi relatif à la famille royale exilée. Dès son début, il s'est rangé parmi les orateurs les plus éloquens et les plus graves de la noble assemblée. Dans ce discours, qui signala, d'une manière si remarquable, ses premiers pas dans la vie parlementaire, il fit entendre un langage à la fois élevé, indépendant et loyal, qui devait lui mériter l'estime de tous les hommes de cœur; il s'exprima, en même temps, avec une modération et une convenance qui témoignaient de son habileté, car c'était, en effet, pour les orateurs de son opinion, l'unique moyen de se faire écouter dans les discussions orageuses de ces premiers temps.

M. le duc de Noailles s'écria d'abord dans un généreux mouvement, dicté par d'honorables sympathies et de glorieux souvenirs : « Quelque pas-
» sionné qu'on soit pour la liberté, quelque haine
» que l'on porte à l'apparence même du despo-
» tisme, quelqu'indignation qu'ait pu faire naître
» chez les plus ardens défenseurs de nos institu-
» tions l'apparition des ordonnances de juillet,
» quelque justice même qu'on puisse trouver
» dans leur terrible résultat, la main peut hésiter
» encore, ce me semble, à signer l'espèce d'arrêt
» qu'on vous propose contre les descendans de
» nos anciens rois.

» Autre chose est de s'être soumis aux évène-

» mens, d'avoir adopté même les conséquences
» de ces funestes entreprises qui ont amené la
» chute de ces princes, éternels jouets de la for-
» tune ; autre chose serait de les poursuivre au-
» jourd'hui par des rigueurs inutiles.

» Les évènemens de juillet n'ont pu anéantir
» le passé ; ils n'ont pu faire que cette royale fa-
» mille, réfugiée aujourd'hui sur la terre d'An-
» gleterre, ne soit la descendance de cette anti-
» que dynastie, qui a gouverné la France pendant
» huit siècles, associée pendant cette longue pé-
» riode à ses conquêtes, à ses travaux et à sa
» gloire. Ce passé, Messieurs, est un titre invio-
» lable de respect qui doit couvrir comme d'une
» égide sacrée de si grandes infortunes, aux yeux
» mêmes de ceux qui les trouvent les plus méri-
» tées. Je dirai plus : il est un sentiment d'hon-
» neur qui ne permet pas à un pays de verser
» le mépris sur une famille qui l'a gouverné pen-
» dant huit cents années, sans qu'il en rejaillisse
» quelque chose sur lui-même. Celui-là serait
» étranger à tous sentimens généreux, et ne se-
» rait pas de son siècle, qui ne saurait compren-
» dre le sentiment qui peut porter à repousser la
» mesure que l'on vous a adressée, et qui s'éton-
» nerait que dans cette Chambre il s'élevât quel-
» ques voix pour la combattre. »

C'étaient là de nobles paroles. C'était bien de
glorifier ainsi, dans son passé, une race de rois
récemment éprouvée par une grande infortune ;

de la glorifier en face de ceux-là mêmes, qui
avaient hérité de ses dépouilles et profité de ses
fautes. C'était bien de faire ainsi, à cette race dé-
chue, de sa gloire et de son malheur, un double
manteau qui devait la mettre à l'abri de nouvelles
rigueurs et de nouvelles injures. Il y avait à parler ce langage, non seulement de l'honneur et de
la loyauté ; il y avait aussi de la justice, du désintéressement et du courage.

M. le duc de Noailles attaquait ensuite le projet de loi comme inutilement rigoureux, même
dans l'intérêt du gouvernement actuel, comme
contraire à la générosité habituelle du caractère
Français, et aussi comme indirectement destruc-
tif, dans ses dispositions fiscales, de l'article de la
Charte qui abolit la confiscation. Il terminait enfin
son discours par des considérations personnelles
où respirait le sentiment du patriotisme le plus
intelligent et le plus élevé.

« C'est parce que j'aime mon pays, disait M. le
» duc de Noailles, au moment de quitter la tri-
» bune, c'est parce que j'aime mon pays, Mes-
» sieurs, que je tiens ce langage ; et j'espère que
» pas une de mes paroles, dans ce discours, n'au-
» ra paru dictée par un autre sentiment. Lorsque
» dans ce mois de juillet, qui retentira dans l'his-
» toire, nous avons vu le trône renversé, et la
» monarchie légitime s'avançant en silence vers
» l'exil, nous avons songé à notre pays ; nous
» nous sommes rappelé ses anciens malheurs,

» quand l'anarchie le dévorait; et, faisant taire
» nos affections et nos souvenirs, nous sommes
» accourus pour empêcher que dans cette com-
» motion profonde, dont la chute du trône avait
» ébranlé notre sol, l'ordre social ne s'écroulât
» tout entier, et n'écrasât encore une fois la na-
» tion sous ses ruines. Nous avons cru que, dans
» le poste qui nous appartenait, nous nous de-
» vions à la France. »

M. le duc de Noailles ne pouvait expliquer avec
plus de franchise et de dignité le rôle qu'il se
réservait, le lendemain de la révolution de 1830,
dans nos discussions législatives et dans nos luttes
politiques. Ce rôle, qui est en même temps de
conservation et de préservation, avait alors sa
grandeur et son utilité. C'était un concours prêté,
non pas au nouveau pouvoir, mais aux principes
de l'ordre, de la famille, de la propriété; mais à la
société tout entière qu'il fallait d'abord préserver
des déchiremens et des tempêtes dont elle était
menacée; à la société qu'il s'agissait peut-être de
sauver de la ruine et de la destruction. En conti-
nuant à siéger à la Chambre des pairs, malgré
une révolution qui blessait ses souvenirs, ses sentimens et ses affections, M. le duc de Noailles ne
s'imposait, comme on le voit, d'autre devoir que
le devoir de tout honnête homme et de tout bon
citoyen, celui d'aider le gouvernement de son
pays à vaincre l'anarchie; et il s'acquerrait, en
même temps, le droit de protéger au besoin, du

haut de la tribune, contre ce même gouvernement, les libertés publiques et les institutions
constitutionnelles de la France.

A la session suivante, dans la séance du 12 janvier 1832, et après l'abolition de l'hérédité de la
pairie, cet orateur expliqua, du reste, de nouveau
le mobile de sa conduite en termes si explicites,
il manifesta si hautement la véritable pensée qui
l'animait, qu'après une déclaration aussi solennelle, on ne saurait pas plus douter de la fermeté de ses opinions que des lumières de son
esprit, de la loyauté de son caractère que de la
sincérité de son patriotisme.

Dans cette séance du 12 janvier 1832, la proposition de M. de Bricqueville, relative au bannisse-
ment de la branche aînée de la maison de Bourbon,
avait de nouveau appelé à la tribune M. le duc de
Noailles qui, après avoir parlé sur cette question
dans le même sens que l'année précédente, s'exprima ainsi : « L'auteur de la proposition a dit
» que son but était de dévoiler les secrètes in-
» tentions et de démasquer les visages. Pour
» nous, nous n'avons point de masques, et nous
» nous montrons à visage découvert. Nous ne re-
» nions ni nos principes, ni nos anciens senti-
» mens, et nous ne les croyons pas incompatibles
» avec nos nouveaux devoirs, parce que nous ne
» leur sacrifierons jamais le repos, le bonheur et
» l'indépendance de notre pays.

» La monarchie légitime était pour nous un

2

» principe de prospérité, d'ordre et de liberté au
» dedans, de paix et de dignité au dehors. Nous y
» avons toujours vu, non ce principe mystique du
» droit divin dont on veut faire une arme si puis-
» sante, mais le principe du droit, principe vital
» de la société tout entière. Loin de nous, toute-
» fois, l'idée de vouloir poursuivre, jusqu'au
» travers de l'anarchie, le rétablissement de ce
» qui n'est plus ! En présence d'une révolution
» proclamée, sinon par le peuple, du moins en son
» nom, nous avons accepté les résultats de cette
» révolution comme un fait auquel nous n'avons
» point pris part, mais auquel nous nous sommes
» soumis. Mus par un sentiment qui, chez nous,
» domine tous les autres, l'amour de notre pays,
» nous n'avons point voulu nous départir du droit
» que nous avions de peser pour quelque chose
» dans la balance de ses destinées. Aujourd'hui
» le gouvernement de la monarchie représenta-
» tive a reçu à nos yeux une profonde atteinte.
» Ce gouvernement des trois pouvoirs, qui peut-
» être n'avait pas été suffisamment compris par la
» restauration elle-même, ce gouvernement a été
» privé d'une de ses bases les plus solides, et je
» crains que les élémens n'en soient détruits
» pour jamais. Quel est l'ordre nouveau qui se
» prépare? Sur quelle base nouvelle se recons-
» truira notre société française? Qui peut le dire,
» en l'absence de tout principe et de toute doc-
» trine sociale? Mais, rappeler ces vrais princi-

» pes méconnus, défendre l'honneur et l'indé-
» pendance de la nation, venger la vérité attaquée,
» éclairer le pays sur ses véritables intérêts,
» repousser l'anarchie, combattre jusqu'au der-
» nier instant pour l'ordre, la liberté, la justice
» et la raison, sont en toutes circonstances des
» devoirs auxquels nous voulons être fidèles.

» Voilà pourquoi nous sommes encore ici,
» quoique l'institution à laquelle nous apparte-
» nons soit dépouillée du principe qui faisait sa
» force. Nous y sommes pour avertir notre pa-
» trie des dangers qui la menacent, lui signaler
» les écueils vers lesquels on l'entraîne, lui
» montrer comme on la conduit loin du but
» qu'elle croyait atteindre, semblables à ces co-
» lonnes qui servent à indiquer au voyageur
» l'espace qu'il a parcouru, ou à marquer l'en-
» vahissement des flots ; destinés peut-être à
» d'inutiles efforts, mais quoi qu'il arrive, tou-
» jours fiers de l'honneur d'avoir combattu. »

Après avoir indiqué d'une manière si nette,
si précise et si ferme, la place qu'il entendait
prendre et la ligne qu'il voulait suivre dans les
conditions politiques nouvelles où la France se
trouvait placée, M. le duc de Noailles terminait
son discours par une allocution aussi touchante
qu'élevée, qui lui fut inspirée par le souvenir
d'une circonstance qui lui était personnelle.

Le 3 août 1830, le peuple de Paris, comme
on sait, se précipita en foule vers la résidence

royale de Rambouillet, où Charles X se trouvait alors avec sa famille. Averti de cette manifestation, effrayé surtout par les rapports exagérés qui lui furent faits par les trois commissaires, que le gouvernement lui avait envoyés de Paris, sur les dangers de ce mouvement, le monarque ne voulut pas engager une lutte nouvelle où le sang français pouvait encore couler pour sa cause. Il préféra quitter Rambouillet. Il fit aussitôt demander à M. le duc de Noailles un asile dans le château de Maintenon, où le noble pair était alors, et qui se trouve à cinq lieues au-delà de Rambouillet. M. le duc de Noailles, heureux et fier de pouvoir donner à son souverain déchu une marque de dévouement et de fidélité, s'empressa de mettre sa demeure à la disposition de Charles X, qui y fut reçu avec ce respect auquel le malheur lui donnait plus de droits encore. Le vieux roi y passa la nuit au milieu des souvenirs de Louis XIV, que rappelle le château de Maintenon, et il n'en repartit que le lendemain dans la journée, se résignant à l'exil et se mettant en marche pour Cherbourg.

C'est en faisant allusion à cette honorable circonstance, que M. le duc de Noailles, disait avant de descendre de la tribune : « Je ne pou- » vais me dispenser, Messieurs, de prendre la » parole au sujet de la proposition qui vous est » présentée. Lors même que la justice, la raison » et un sentiment d'honneur pour mon pays

» ne m'en eussent pas fait la loi, une circonstance
» particulière m'en eût fait un devoir en quel-
» que sorte sacré. Après cette lutte sanglante
» dans laquelle le trône a été brisé, le roi de
» France, fugitif et dépouillé, quittant à la hâte
» le palais de ses pères, est venu chercher un
» asile dans ma maison. Vous savez, Messieurs,
» quelles obligations saintes imposait l'hospitalité
» chez les anciens. Et quel est celui de vous qui
» renierait aujourd'hui cette hospitalité mémo-
» rable dont le triste honneur m'était réservé?
» Qui de vous ne prendrait, comme moi, la dé-
» fense de si augustes hôtes ?

» Un des orateurs de la Chambre élective, une
» des gloires de la tribune française, M. le vi-
» comte de Martignac, en parlant de l'inutilité
» de ces lois de proscription auxquelles l'hon-
» neur se refuse d'obéir, s'écriait :—« Qu'un de
» ces bannis que votre proposition condamne,
» soit conduit en France par la fatalité, et qu'il y
» cherche un asile : qu'il aille frapper à la porte
» de l'auteur même de la proposition, que cette
» porte s'ouvre, que le proscrit se nomme, qu'il
» entre, je lui réponds d'avance de sa sûreté. »
» — Et moi, m'adressant directement à l'auteur
» de cette même proposition, je lui dirai : Si, au
» milieu des poursuites et des menaces d'une
» multitude égarée, votre toit avait servi d'abri
» à Charles X et à sa famille ; si, comme moi,
» vous aviez prêté votre demeure à cette halte de

» la monarchie en marche pour l'exil; si vous
» aviez eu sous les yeux le pénible tableau de
» cette famille, éternel jouet de la destinée; si,
» au milieu des débris épars de cette royauté si
» antique et si brillante, vous aviez vu cet enfant,
» innocent de toutes les fautes passées, jusqu'à
» ignorer même quel coup le frappait; si vous
» aviez entendu les dernières paroles du monar-
» que au moment de quitter la France, plus ac-
» cablé par l'infortune encore que par les années,
» paroles solennelles et vraies, comme celles qu'on
» prononce au bord du tombeau, je l'atteste,
» vous ne seriez point l'auteur de la proposition,
» vous l'auriez combattue. »

Dans la discussion sur l'hérédité de la pairie,
le 23 décembre 1831, M. le duc de Noailles, fidèle à la mission qu'il s'était donnée, s'efforça de
conserver à la Chambre des pairs son influence
dans les affaires publiques; il défendit le principe d'hérédité qui, sous la restauration, avait fait
la force de ce corps politique, en lui assurant une
indépendance et en lui donnant une individualité
qu'elle n'a plus.

Nous avons exprimé déjà, dans cette revue,
notre opinion personnelle sur l'hérédité de la
pairie, et nos idées générales sur le rôle qui devrait appartenir dans l'état à la Chambre des
pairs, dont le caractère nous semble entièrement
faussé et l'importance complètement annulée.
Nous avons montré que nous voulons ce que veut

M. le duc de Noailles; que nous voulons, ainsi que lui, un corps aristocratique, ou, si l'on veut, un corps de supériorités sociales, possédant, par un droit personnel et légal, inscrit dans la constitution elle-même, des priviléges politiques, qui ne soient conférés à ses membres, ni par l'élection populaire, qui est la manifestation de l'élément démocratique, ni par des ordonnances royales, qui sont la manifestation de l'élément monarchique. Mais nous ne reconnaissons plus au principe de l'hérédité, ou plutôt nous ne reconnaissons pas à ce principe, privé du secours de l'institution des majorats inféodés et inaliénables, la puissance de créer dans l'état le troisième pouvoir qui manque dans notre machine constitutionnelle, l'élément aristocratique enfin, tel que l'ont fait nos révolutions sociales, tel qu'il existe dans nos mœurs et dans nos idées.

Trois choses peuvent seules, selon nous, donner à un homme sur ses concitoyens, une haute influence morale; ce sont : une naissance illustre, une grande fortune, des fonctions éminentes. On doit comprendre tout de suite que, d'après nos idées, le rang de pair de France, avec tous ses priviléges, devrait appartenir, sans l'intervention d'aucun des deux autres pouvoirs, aux grands propriétaires, aux grands industriels et aux grands capitalistes, à la seule condition de justifier d'un chiffre d'impôt élevé, indiqué par la loi, de même qu'aux grands dignitaires de l'état, revêtus de fonctions inamovibles également spécifiées par la loi. Nous pensons aussi que ce corps politique ainsi constitué, afin de ne laisser en dehors de lui aucune force vive et puissante, devrait avoir le droit de s'adjoindre, par une élection intérieure et spontanée, les grandes illustrations intellectuelles et les grands noms historiques; nous voudrions encore que des dotations viagères considérables fussent affectées à ces pairies électives. Nous croyons, enfin, que ce système d'organisation de la pairie est le seul qui puisse lui rendre son individualité, son indépendance, et, avec elles, sa légitime influence dans le domaine des affaires publiques.

Mais après avoir fait cette réserve, nous devons féliciter M. le duc de Noailles d'avoir courageusement défendu le principe de l'existence d'un corps armé de priviléges politiques. Nous le félicitons d'avoir démontré l'utilité et la nécessité de ce corps, dans l'intérêt même de la société, dont ses membres seraient les représentans les plus illustres, dans l'intérêt de la liberté qu'il défendrait contre le pouvoir monarchique, comme dans celui de l'ordre qu'il préserverait des excès du pouvoir démocratique.

Dans son discours sur l'hérédité de la pairie, M. le duc de Noailles s'est fait remarquer, du reste, par l'élévation de ses vues et la justesse de ses raisonnemens. Il s'y est plusieurs fois livré à de judicieuses considérations philosophi-

ques et sociales, et nous y avons rencontré de
beaux mouvemens d'éloquence.

« De toutes les formes de gouvernement, dit
» M. le duc de Noailles dans ce discours, celle
» qui s'accorde le mieux avec la raison et la jus-
» tice, qui favorise davantage les progrès de la
» civilisation, le bien-être et la prospérité d'un
» grand peuple, c'est sans contredit celle de la
» monarchie représentative. Cette forme de gou-
» vernement, devinée par les plus grands génies
» de l'antiquité, que Tacite regardait comme si
» parfaite qu'il ne croyait pas qu'elle pût jamais
» exister chez les hommes; qui donne une si
» grande part dans les affaires à l'intelligence,
» de même qu'un ancien plaçait la source du
» pouvoir dans le génie; ce gouvernement a cela
» de merveilleux, qu'en prenant à la forme ré-
» publicaine tout ce qu'elle a de bon, et en le fai-
» sant servir à la force et à la grandeur de la
» monarchie, il se donne, par l'action combinée
» des divers pouvoirs de la société qu'il renferme
» tous, cette fixité et cette durée incompatibles
» avec un gouvernement populaire. C'est ainsi
» que sous son égide, une grande nation, alliant
» l'ordre et la liberté, peut s'avancer d'un pas
» noble et sûr vers le perfectionnement où doit
» tendre l'ordre social. »

On voit que M. le duc de Noailles apprécie à un
juste degré les progrès de la civilisation moderne
et les conquêtes de l'esprit humain. On ne doit

pas craindre que l'homme qui sait comprendre, qui sait estimer ainsi tout ce que nos institutions constitutionnelles ont de noble et d'élevé dans leur principe, tout ce qu'elles ont d'utile et de salutaire dans leur forme, en devienne jamais l'adversaire. On n'en doit craindre aucun acte qui atteigne jamais la nation dans sa liberté, comme on peut être assuré d'avance que, fidèle aux traditions de son illustre famille, il sera toujours sur la brèche prêt à défendre l'honneur, l'intérêt et la dignité de son pays.

M. le duc de Noailles vit, dans la destruction de l'hérédité de la pairie, l'évènement qui faisait définitivement de la catastrophe de 1830 une révolution dans l'état, par le changement qu'elle apportait à la forme du gouvernement. Ce fut de ce point de vue élevé qu'il traita la question. « On » ne peut se faire, en effet, aucune illusion, disait-il ; la question qui s'agite en ce moment est » celle de la monarchie représentative elle-même. La destruction du pouvoir aristocratique » qui est une des conditions nécessaires de ce gouvernement, entraîne évidemment sa ruine.... » Car ainsi que les œuvres mêmes du créateur » dans l'ordre admirable de la création, la monarchie représentative a ses conditions nécessaires d'existence, et le pouvoir aristocratique » est l'une de ces conditions. Ce gouvernement » établit le mécanisme merveilleux de son système sur l'action combinée de trois pouvoirs

» qui résultent de l'organisation même de la so-
» ciété : le pouvoir monarchique, le pouvoir
» aristocratique et le pouvoir démocratique, et
» c'est cette combinaison qui fait tout le mérite et
» le grand avantage de ce gouvernement. De
» cette sorte, la société tout entière y est re-
» présentée ; mais si l'un des trois pouvoirs en
» est banni, si ces trois classifications n'ont pas
» une représentation assurée, et par conséquent
» distincte, dès lors le gouvernement représen-
» tatif n'existe plus, parce qu'il ne représente
» plus la société telle qu'elle est constituée. »

Enfin, à cette objection, que l'aristocratie est
aujourd'hui détruite en France, et qu'il ne faut
point faire à un pouvoir imaginaire une part dans
la représentation nationale, M. de Noailles ré-
pondait : « Non, l'aristocratie n'existe plus telle
» qu'elle existait jadis, dominante, oppressive,
» comme au moyen-âge ; armée encore de pri-
» viléges, possédant de grandes prérogatives, de
» vastes richesses, un haut patronage comme
» avant la révolution..... Mais il existe et il exis-
» tera toujours en France, ainsi que dans toute
» nation civilisée, une classe de supériorités so-
» ciales fondée sur la richesse territoriale, les il-
» lustrations anciennes, la gloire nouvellement
» acquise ; non plus séparée de la nation et for-
» mant une caste à part, mais mêlée avec elle et
» partageant ses charges, ses travaux, sa gloire
» et ses espérances. Cette classe, que nous appel-

» lerons encore du nom d'aristocratie, jusqu'à ce
» que ceux que cette dénomination chagrine en
» aient inventé une autre, partie intégrante de
» la société, est, quoi qu'on en dise, et par sa na-
» ture, et par son caractère, et par son influence,
» un véritable pouvoir, ou du moins elle en offre
» tous les élémens. Elle demande, dans l'intérêt
» de l'état lui-même, une représentation dans le
» gouvernement ; et il est heureux qu'il en soit
» ainsi, parce qu'elle y apporte son esprit de
» stabilité, de durée, de conservation, contre-
» poids salutaire aux variations passionnées de la
» démocratie, et garantie puissante pour le trône
» et la constitution... Mais pour que ce rôle de
» pouvoir médiateur ne soit point illusoire, il faut
» que l'institution à laquelle il est confié soit puis-
» sante ; pour qu'elle soit puissante il faut qu'elle
» représente des intérêts, et il faut que ces intérêts
» soient différens de ceux des autres pouvoirs,
» sans pour cela leur être opposés. Une seconde
» chambre nommée par le roi ne représente
» point d'intérêts nationaux ; née de l'élection,
» elle représente les mêmes intérêts que la cham-
» bre élective ; le pouvoir aristocratique repré-
» sentant dans une chambre héréditaire les inté-
» rêts des supériorités, remplit seul les condi-
» tions voulues. »

On ne pouvait établir d'une manière plus forte
cette vérité, que la monarchie représentative
est aujourd'hui le gouvernement le mieux appro-

prié à l'état de nos mœurs, mais que le pouvoir aristocratique est nécessaire à la vie de ce gouvernement, et que ce pouvoir peut exister encore, sous une forme nouvelle et avec les mêmes avantages, dans notre société, sans être contraire au principe de l'égalité civile.

Nous nous appesantissons sur ce discours, parce que nous croyons qu'on ne peut développer des vues plus sages et plus politiques que celles qui s'y trouvent énoncées sur un sujet que nous regardons comme important pour les destinées de la France, et qu'on ne peut traiter avec plus de maturité une question sur laquelle nous appelons de toutes nos forces l'attention publique, parce que nous sommes convaincu qu'il faudra bien revenir encore à la traiter législativement dans un avenir prochain.

Après avoir développé tous les avantages de ce jeu du pouvoir aristocratique dans nos institutions, tel que le temps actuel le comporte, et montré toutes les conséquences qui allaient résulter de la disparition complète de l'action de l'aristocratie, M. le duc de Noailles n'oublia pas de montrer aussi ce que la liberté elle-même y perdrait : « Dans un pays libre, pour-
» suivait-il, l'aristocratie est la plus sûre ga-
» rantie de la liberté. Le rôle que, dans un gou-
» vernement constitutionnel, imposent à l'aristo-
» cratie ses devoirs et ses intérêts, et que par sa
» nature et son indépendance elle est en état de

» remplir, l'oblige à faire obstacle aux enva-
» hissemens de la couronne et de la démocratie
» qui, par leur nature aussi, peuvent tendre à
» détruire la liberté, l'une en voulant trop la res-
» treindre, l'autre en voulant trop l'étendre. La
» liberté est donc le principe de l'aristocratie, tan-
» dis que le principe de la démocratie n'est autre
» chose que l'égalité. C'est toujours au nom de la
» liberté que la démocratie agit et réclame, mais
» la liberté n'est pour elle qu'un prétexte et un
» moyen; séparée de l'aristocratie, et n'étant
» plus retenue, elle court à l'égalité qui est son
» but, et quand elle l'a atteinte, la liberté est bien
» près de périr. Jouet et victime des factions qui
» s'élèvent, elle ne tarde pas à venir expirer aux
» pieds du despotisme appelé au secours de la li-
» berté en péril. » L'orateur ajoutait encore à
la force de cette pensée, en comparant ensuite
le sort de la liberté politique en Angleterre, où
la révolution de 1688 a élevé plutôt qu'abaissé
l'aristocratie, à celui qu'elle a eu en France, où
la révolution de 1789, qui a tout renversé, n'a
laissé que la démocratie triomphante et debout
sur des ruines.

M. le duc de Noailles donna bientôt lui-même
la preuve de ce qu'il avançait, et on le vit aussi
dévoué aux principes de la liberté qu'il s'était
montré attaché aux doctrines conservatrices et
gouvernementales.

Deux fois, dans des circonstances mémorables, le noble pair a prouvé, par sa conduite, la sincérité de ses paroles.

Le 16 février 1833, M. le duc de Noailles a défendu, à la tribune de la Chambre des pairs, dans la discussion du projet de loi relatif à l'état de siége, le principe de la Charte qui ne veut pas qu'un citoyen puisse être distrait de ses juges naturels. Il a vivement combattu les dispositions de ce projet de loi qui accordait au gouvernement la dangereuse faculté de soumettre, à volonté, par des déclarations arbitraires d'état de siége, d'état de guerre et d'état de trouble, tous les habitans d'une grande ville à des juridictions exceptionnelles.

Après une analyse lucide et succincte de la législation existante sur cette matière, législation qui ne concerne que les villes assiégées par l'ennemi, ou extérieurement et véritablement assiégées par la rebellion ouverte, M. le duc de Noailles démontra d'une manière évidente que l'arbitraire pouvait sortir tout armé de la loi proposée. Il fit comprendre que cette faculté accordée, pour un temps illimité et pour des circonstances qui ne pouvaient être que vaguement définies, à tout ministère quelconque, de déclarer en état de siége, sous sa seule responsabilité et sans l'intervention des Chambres, une ville qui ne serait pas réellement assiégée, et cela par une application fictive des dispositions qui règlent légalement cette matière, était incompa-

tible avec la sincérité et l'esprit de nos institutions; il démontra facilement que c'était là un
moyen indirect et détourna de placer indistinc-
tement toutes les populations, sous la terrible juridiction des conseils de guerre ; il prouva, enfin, que la loi sur l'état de siége deviendrait ainsi
une véritable loi d'exception en permanence.

M. le duc de Noailles traitait alors l'importante
et grave question des lois exceptionnelles. Après
avoir déclaré que, loin de les repousser d'une
manière absolue , il reconnaissait qu'il est dans
la vie des gouvernemens ; de ces momens critiques où elles leur deviennent nécessaires, il éta-
blissait fortement que la garantie des libertés
publiques exige que ces lois reposent du moins
sur la nécessité de l'intervention des pouvoirs
législatifs. Il ajoutait qu'elles doivent en outre
avoir un caractère essentiellement temporaire
et transitoire, que leur durée doit être restreinte
à la durée du péril qui les motive , et qu'elles
doivent être applicables seulement à un cas spécialement indiqué.

Dans les développemens de ces principes qui,
selon lui, doivent présider à l'esprit et à la lettre
des lois exceptionnelles, M. le duc de Noailles s'é-
levait aux considérations les plus graves sur la
nécessité de respecter scrupuleusement cette
importante et grande maxime de notre constitution qui donne à chaque citoyen, autant que possible , ses juges naturels , et de garantir com-

plètement la liberté individuelle des empiète-
mens de l'arbitraire auxquels les dangers publics
servent si facilement de prétexte.

« La liberté individuelle, s'écrie-t-il, est le
» but de toute association humaine; sur elle
» s'appuie la morale publique et privée, sur elle
» reposent les calculs de l'industrie; sans elle, il
» n'y a pour les hommes ni paix, ni dignité, ni
» bonheur. Ce qui préserve de l'arbitraire, c'est
» l'observation des formes; les formes sont les
» divinités tutélaires des associations humaines;
» c'est aux formes seules que l'opprimé peut en
» appeler. Plusieurs n'aperçoivent dans l'exer-
» cice de l'arbitraire qu'une mesure de police,
» et comme apparemment ils espèrent en être
» toujours les distributeurs et jamais les objets,
» ils le trouvent très bien calculé pour le repos
» public et pour le bon ordre; d'autres, plus om-
» brageux, n'y démêlent qu'une vexation particu-
» lière, mais le péril est bien plus grand. Don-
» nez à l'autorité exécutive le droit d'attenter à
» la liberté individuelle, et vous anéantissez toutes
» les garanties qui sont les conditions premières
» et le but unique de la réunion des hommes
» sous l'empire des lois. »

« Quant à nous, dit-il plus loin, qui avons tou-
» jours eu les yeux fixés sur la patrie, comme
» sur la seule étoile qui devait nous guider au
» milieu des orages, et qui n'avons point voulu
» abandonner un poste où nous pouvions être

» parfois utile, notre rôle est tout tracé; il est
» noble, il est glorieux. Quoi qu'il arrive, et
» contre qui que ce soit, nous devons rester fi-
» dèle aux intérêts et aux libertés du pays.

» Je suis fier, pour mon compte, d'en être ici
» le défenseur; je suis fier de montrer à la na-
» tion que, dans les rangs de ceux contre lesquels
» peut-être elle conserve encore d'injustes pré-
» ventions, ces libertés ont des amis sincères,
» tout autant que parmi ceux qui s'en sont fait
» long-temps une arme contre le pouvoir, et qui
» aujourd'hui se font du pouvoir une arme con-
» tre elles. Dès l'année 89, nos pères ont fait les
» premiers, et avec quelque noblesse, il me sem-
» ble, les sacrifices et les concessions qu'ils ont
» crus nécessaires à l'état de la société. Comme
» eux nous savons être de notre temps, nous
» savons vivre des idées de notre siècle, nous
» savons qu'on ne refait point le passé, que
» le torrent dont le cours est si rapide, nous a
» emportés loin du rivage qu'habitaient nos an-
» cêtres, et que nous ne reverrons plus ces
» plages déjà si lointaines, car on ne remonte pas
» de pareils fleuves. Nous savons qu'il faut avant
» tout aux nations un gouvernement qui soit en
» harmonie avec l'état réel des esprits; nous
» connaissons tout le prix de la liberté bien ré-
» glée et bien comprise; nous savons tout ce
» qu'elle peut inspirer de grand, de noble, de
» généreux et d'utile, et c'est nous qui sommes

» sur la brèche aujourd'hui à la défendre contre
» ceux qui ont renversé en son nom un gouver-
» nement dont le principe, plus que tout autre,
» était propre à assurer son empire. »

Le 22 janvier 1835, dans la discussion du projet de loi relatif au crédit des trois cent soixante
mille francs, destinés à la construction d'une
salle des séances pour la Chambre des pairs,
salle, où à l'occasion du procès d'avril et
après le soulèvement de Lyon et de Grenoble, devait comparaître un si grand nombre d'accusés,
M. le duc de Noailles se prononça contre la résolution du ministère de déférer la connaissance de
ces faits à la Chambre des pairs. Il combattit cette
résolution dans l'intérêt du gouvernement, dans
l'intérêt de la pairie, et dans l'intérêt enfin de
la justice, dont il lui paraissait impossible que les
formes fussent sincèrement observées, au milieu
des circonstances où l'on se trouvait, *de la justice
sans laquelle,* selon ses propres expressions, *il
n'y a plus d'intérêt social, car sans elle la société
n'existe pas.*

« Aucune considération, — disait M. le duc de
» Noailles, — ne doit dominer celle de la justice,
» car la justice est le premier de tous les intérêts,
» et l'impunité serait moins dommageable à la
» société qu'une justice qui pourrait être contes-
» tée.

» Si donc le rejet de cette loi est un obstacle au
» procès, ou du moins si c'est une indication au

» gouvernement qu'il doit chercher quelque
» moyen meilleur pour sortir de la voie où il
» s'est engagé, je vote ce rejet avec empresse-
» ment.

» Sans doute on pourra trouver là une sorte
» d'impuissance avouée de la justice, mais le
» tort en est à ceux qui ont formé une entreprise
» qui, à mes yeux, n'a pas d'issue.

» En effet, je n'ai jamais vu dans l'histoire qu'a-
» près un fait de guerre civile, on mît en jugement
» l'armée qu'on avait vaincue. Quand un pays
» a le malheur d'être frappé par un tel fléau,
» le véritable triomphe de l'ordre et du droit est
» dans la victoire qui leur reste. Sans doute, il
» faut que, malgré cette victoire, la justice ait son
» cours, qu'elle reprenne son empire, qu'elle
» élève la voix quand le bruit des armes a cessé,
» pour montrer la grandeur du crime et faire en-
» tendre des enseignemens sévères, pour faire
» voir aux peuples qu'il y a une autre base aux
» sociétés que celle de la force ; mais ceux qui
» gouvernent ne doivent pas oublier que la jus-
» tice des hommes est faible et bornée, comme
» leur nature, qu'il y a un certain cercle qu'elle
» ne saurait franchir et de certaines limites
» qu'elle ne saurait atteindre. Il faut alors que la
» politique vienne au secours de la justice, et
» qu'elle cache avec soin les limites de sa puis-
» sance, de peur qu'elle n'en soit moins respec-
» tée. Il faut que l'habileté du gouvernement

» consiste en quelque sorte à trouver le moins
» posssible de coupables, et cela, je le répète,
» non par indifférence pour la justice, mais au
» contraire par respect pour elle, comme le seul
» moyen de la rendre possible, de lui conserver
» cette action grave et vénérée qui fait sa force
» et son autorité.

» C'est alors qu'une amnistie, c'est-à-dire l'ou-
» bli, c'est-à-dire la cessation des poursuites à
» l'égard au moins du plus grand nombre, peut
» être un acte de sagesse et d'habileté, non qu'on
» puisse se flatter peut-être de toucher et de ra-
» mener tous ceux qu'on amnistie, mais parce
» que cela aide à la transformation des partis,
» parce que la clémence sied toujours bien au
» pouvoir, et qu'en pareille circonstance elle as-
» sure et simplifie son action.

» Or, voyez comme les rôles sont intervertis,
» il faudra donc que ce soit le tribunal qui se
» charge d'amnistier lui-même; car que fera-
» t-il d'un si grand nombre d'inculpés, dont la
» plupart se trouvent compromis à des titres
» égaux? Arrêter deux mille individus, comme
» on l'a fait en cette circonstance, pour les tra-
» duire devant un tribunal de cent cinquante
» juges, c'est s'engager dans un dédale dont on
» ne peut prévoir l'issue, c'est rendre, à ce qu'il
» me semble, tout jugement impossible, selon
» les véritables règles de la justice, et par consé-
» quent c'est déconsidérer le gouvernement qui

» forme une pareille entreprise; c'est décon-
» sidérer le tribunal qui ne peut dignement ache-
» ver une pareille tâche, c'est déconsidérer la
» justice elle-même; car la politique décime,
» mais la justice ne décime pas. Le pouvoir n'est
» pas obligé d'arrêter tous les coupables; mais
» serait-il permis à des juges d'en innocenter une
» partie pour pouvoir juger l'autre? Et ne se-
» rait-ce pas alors une sorte de corruption, in-
» volontaire sans doute, mais une sorte de cor-
» ruption, d'altération de la justice?»

M. le duc de Noailles terminait ensuite son discours en conseillant au gouvernement l'amnistie;
en lui recommandant de se fier surtout au bon
sens public, éclairé par la publicité des faits sur
les manœuvres des hommes de désordre ; et en
proclamant enfin la restauration des véritables
principes sociaux, comme le meilleur moyen d'influence et de persuasion. Après avoir donné ces
sages avis, le jeune orateur traçait avec des paroles éloquentes le tableau moral suivant de la
France :

« Messieurs, » — s'écria M. le duc de Noailles,
dans l'un de ces énergiques élans qui viennent
d'une âme profondément remuée par les sentimens qu'elle éprouve,— « Messieurs, savez-vous
» ce qui peut mettre une société à l'abri de pa-
» reils dangers? Ce sont bien moins des condam-
» nations obtenues, que l'existence et l'honneur
» rendus aux principes sociaux, aux vérités et

» aux doctrines par lesquelles vivent les socié-
» tés, et sans lesquelles il ne peut y avoir que
» désordre dans le monde. Voyez ce que produi-
» sent les doctrines contraires ; voyez les élèves
» qu'ont formés les fondateurs de cette école
» d'admiration pour la terreur elle-même ; la
» terreur, exaltée dans leurs écrits comme une
» époque de grandeur et de génie, dont ils ne re-
» gardent les excès et les crimes que comme des
» malheurs nécessaires à l'accomplissement de
» magnifiques destinées. Voyez les éternelles agi-
» tations qu'enfante ce principe de souveraineté
» populaire, qu'on proclame à son profit en
» croyant pouvoir le faire disparaître ensuite,
» comme la foudre s'évapore après avoir frappé.
» Voyez enfin l'aspect que présente aujourd'hui
» la société française. On pourrait presque la di-
» viser en deux parties : l'une uniquement atten-
» tive à son intérêt et à son bien-être matériels,
» vivant d'égoïsme et d'individualité, voyant l'état
» tout entier dans sa maison, regarde avec indif-
» férence passer devant elle les trônes, les dynas-
» ties, les révolutions, se couvrant la tête de son
» manteau, et prête à saluer le nouveau pouvoir,
» s'il lui promet protection pour son commerce
» ou pour son bien ; l'autre, pleine de passions
» ardentes, d'imaginations exaltées qui remettent
» tout en question, jusqu'aux bases sur lesquelles
» ont reposé, depuis six mille ans, toutes les so-
» ciétés humaines. Là, point de maxime dont on

» ne dispute, point de principe qu'on ne nie ; la
» vérité pour chacun est dans sa pensée ; il n'y
» a plus que des opinions particulières au lieu de
» doctrines communes, et le monde moral, affran-
» chi des lois qui présidaient à sa marche, erre
» dans le vide comme une planète hors de son
» orbite.

» Mais qu'y a-t-il d'étonnant à ce que les bases
» étant ébranlées, l'édifice tout entier chancelle ?
» Au milieu de cet anéantissement de tout prin-
» cipe et de toute croyance, qui laisse le domaine
» de l'intelligence, comme ces royaumes vides
» dont parle le poète, *inania regna*, comment
» s'étonner de ce que toutes ces idées chiméri-
» ques de renouvellement prochain du monde,
» de transformation sociale complète, se soient
» emparées des esprits, et les poussent à des pro-
» jets insensés ?

» Sans doute le monde est en marche, c'est la
» loi constante de la société ; sans doute il y a une
» révolution en quelque sorte permanente, qui
» emporte les vieilles mœurs, les vieilles traditions,
» les vieilles lois ; révolution qui s'accomplit par
» le temps sous la main de la Providence, et selon
» ses vues mystérieuses, résultat naturel de la
» marche de la civilisation, dont le but est d'a-
» mener à la participation des avantages moraux
» et matériels le plus grand nombre possible d'in-
» dividus. Mais que ceux qui désirent le plus ar-
» demment l'accomplissement de ces progrès ne

» perdent pas de vue deux choses : la première,
» c'est que l'élément le plus nécessaire pour les
» obtenir, c'est l'action du temps, le plus grand
» des novateurs, comme l'appelle Bacon, et que
» pour hâter un avenir dont ils ne seraient pas les
» maîtres, ils précipiteraient leur pays dans un
» abîme effroyable de maux, pour obliger ensuite
» à reprendre leur œuvre bien en arrière des
» ruines que leur délire aurait faites ; la seconde,
» c'est qu'il y a des limites aux améliorations
» mêmes, et que la triste condition de l'huma-
» nité ne comporte pas des perfectionnemens
» inapplicables à l'infirmité de sa nature. C'est
» que dans la société il y a des choses transfor-
» mables, en effet, et d'autres qui ne le sont pas.
» La forme de la société change, mais son prin-
» cipe ne change pas ; les mœurs, les besoins, les
» idées se modifient, mais les conditions néces-
» saires à l'existence sociale restent les mêmes,
» telles qu'elles ont été dans tous les temps.

Un des traits les plus saillans de la physionomie politique de M. le duc de Noailles, que nous
devons signaler ici, c'est que par la tendance
naturelle de son esprit, cet orateur est sans cesse
ramené aux idées générales ; ainsi nous remar-
quons que dans toutes les grandes questions trai-
tées à cette époque, il se place toujours, pour
les examiner, à la hauteur du point de vue social. Frappé qu'il est de l'atteinte portée par la
révolution de 1830 aux doctrines de conservation,

c'est de la nécessité de les défendre qu'il paraît
surtout préoccupé.

« Non, dit le noble pair dans son discours sur
» l'état de siége, non, l'ordre matériel ne saurait
» long-temps subsister de lui-même, car les na-
» tions ont besoin de croyances, tout autant que les
» intelligences de vérité. Par une de ces lois que
» la Providence s'est imposées pour gouverner
» le monde, l'ordre matériel est nécessairement
» enchaîné à l'ordre moral; ou plutôt, il y a des
» conditions morales sans lesquelles l'ordre ma-
» tériel ne saurait exister. Le désordre est bien-
» tôt dans les faits lorsqu'il est dans les esprits.»
Dans son discours sur l'hérédité de la pairie,
M. le duc de Noailles avait déjà prononcé avec
tristesse ces paroles qui prouvent combien l'avenir de la société l'inquiète et le préoccupe; il
avait dit : « Je vois tout remis en question, jus-
» qu'aux lois nécessaires de la société, que
» l'homme n'avait pas encore songé à attaquer,
» non plus que les lois éternelles de la nature;
» une crainte générale du désordre, il est vrai;
» mais l'anarchie dans les esprits, la confusion
» dans toutes les idées, chaque jour la chute de
» quelque principe ou de quelque institution,
» et le gouvernement, impuissant spectateur,
» n'a que des regrets à donner à ces destruc-
» tions; de temps à autre, de violentes secousses
» ébranlant çà et là notre sol, comme pour nous
» avertir d'un grand tremblement qui se prépare;

» de toutes parts enfin, des mains imprudentes
» occupées à démolir, les unes pour amonceler
» des ruines, les autres pour élever à la place
» d'un ordre politique, dont l'essai avait été
» heureux, un gouvernement sans force qui nous
» conduira peut-être à l'anarchie, et au despo-
» tisme qui en est le châtiment. Tel est le spec-
» tacle qui s'offre à ma vue : puisse-t-il n'être
» qu'une terreur dont je serais heureux d'être
» désabusé.

» Fatal destin de ma patrie ! Elle avait trouvé
» dans la monarchie représentative le seul port
» où le calme lui fût assuré, et la voilà qui quitte
» ce port pour s'aventurer de nouveau sur une
» mer où elle a déjà été battue par tant d'orages !
» Jusqu'à quand sera-t-elle donc condamnée à
» marcher ainsi au hasard, d'essais en essais,
» de révolutions en révolutions, comme si elle
» était poursuivie par un funeste génie ? Sembla-
» bles à ces peuples que Tacite nous dépeint éga-
» lement incapables de supporter la liberté et la
» servitude, sommes-nous destinés à être sans
» cesse renvoyés de l'une à l'autre ? et la Provi-
» dence ne semble-t-elle pas, pour humilier l'or-
» gueil de nos pensées, ne plus nous avoir laissé
» d'autre puissance que celle de la destruction ?
» Nous devrions pourtant être fatigués de dé-
» truire ! Depuis quarante ans, il y a eu assez de
» trônes renversés, de sceptres et de couronnes
» brisés, de constitutions proclamées, et, au

» bout de quelques jours, mises en lambeaux :
» Et quelle main pourra désormais, parmi tous
» ces décombres, retrouver un principe de gou-
» vernement et d'autorité ! »

Les difficultés que M. le duc de Noailles avait
prévues se réalisèrent ; le nombre et l'attitude des
accusés provoquèrent une disjonction du procès.
Cette disjonction parut au noble pair contraire
aux véritables principes de la procédure judi-
ciaire. Il combattit cette résolution dans la chambre du conseil ; mais son opinion ne prévalut point.
Alors il ne crut plus devoir participer au jugement et il se retira du procès.

Nous, qui croyons de notre devoir de nous
consacrer à la défense des grands principes d'ordre et de conservation qui sont la base éternelle
de toutes les sociétés ; nous, qui pour accomplir
notre tâche, ne voulons consulter que les intérêts
généraux et durables du pays, sans jamais nous
préoccuper des intérêts particuliers et transitoi-
res d'aucun parti, nous ne craignons pas cependant de nous associer complètement à l'opinion
soutenue par M. le duc de Noailles dans les deux
discours dont nous venons de parler.

Nous croyons au gouvernement le droit, et nous
voulons qu'il ait la force de se défendre contre
toutes les violences matérielles, contre toutes les
tentatives anarchiques, car nous sommes sincèrement convaincu que le jour de sa chute serait le signal d'effroyables perturbations inté-

rieures et de terribles luttes étrangères. Mais nous sommes aussi jaloux que personne de maintenir les véritables libertés publiques, et nous ne pensons pas qu'il soit prudent, qu'il soit surtout nécessaire de donner au pouvoir des armes qu'il pourrait vouloir tourner contre ces libertés mêmes. Nous voulons l'ordre, mais non le despotisme, et l'ordre maintenant n'a rien à craindre des garanties que la charte assure à tous les citoyens.

Nous louons donc sans réserve M. le duc de Noailles d'avoir repoussé de sa parole une loi qui créait des juridictions exceptionnelles, et qui donnait au gouvernement la faculté de suspendre arbitrairement l'exercice des libertés publiques. Nous le félicitons d'autant plus volontiers aujourd'hui d'avoir contribué au retrait de cette loi, sur laquelle il n'y eût pas même de vote, qu'avec l'enceinte de forts et de murailles dont Paris sera désormais entouré, elle eût été dans les mains du gouvernement une arme meurtrière et terrible, non plus seulement contre l'anarchie, mais aussi un jour, peut-être, contre la liberté elle-même. C'est un succès législatif dont la loi des fortifications a singulièrement accru l'importance, et dans lequel M. le duc de Noailles peut à bon droit revendiquer sa part.

Nous voulons enfin la ferme répression des délits et des crimes politiques de toute nature, dans l'intérêt même de la société qui n'est pas moins menacée que le gouvernement par tous les artisans de troubles et de révoltes. Mais nous ne saurions approuver l'appareil inopportun que le pouvoir nouveau a quelquefois donné à des procédures qui n'étaient remarquables que par le nombre embarrassant des accusés. Agir ainsi, c'est, selon nous, rabaisser l'importance de la juridiction de la Chambre des pairs. Du reste, nous avons toujours cru que la clémence et l'oubli valent souvent mieux que les condamnations et les supplices. Il nous semble, en effet, que l'immense procès d'avril a moins servi à la force morale de la monarchie du 7 août que la généreuse amnistie, qui était dès-lors conseillée par M. le duc de Noailles, dont nous approuvons sans restriction, dans cette circonstance, le noble langage. — Plus tard, l'amnistie fut promulguée par M. le comte Molé, dont cet acte honore à la fois le cœur et l'esprit, le caractère et l'intelligence.

Nous avons vu M. le duc de Noailles sur le terrain des principes, sur le terrain de la politique intérieure. Nous allons maintenant le suivre sur le terrain de la politique étrangère. Là encore, nous le verrons se montrer le soigneux défenseur de nos intérêts et de nos finances, le gardien jaloux de notre honneur et de notre dignité.

M. le duc de Noailles a prononcé un grand nombre d'importans discours sur les questions extérieures. Dans tous ces discours, le noble pair juge sans doute d'un point de vue trop absolu les actes du gouvernement sorti de la révolution de 1830, et il ne fait peut-être pas assez la part des difficultés de la position que les évènemens ont faite à ce gouvernement, position dont, à la vérité, il a l'avantage de n'être pas solidaire. Mais nous y avons remarqué une connaissance approfondie des rapports internationaux et diplomatiques de l'Europe, et une judicieuse appréciation des intérêts industriels et territoriaux de la France. M. le duc de Noailles montre déjà, dans la part qu'il a prise aux discussions de la Chambre des pairs, sur notre politique étrangère, cette sagacité de vues et cette variété de lumières qui sembleraient devoir être l'apanage exclusif d'un esprit mûri par la pratique des affaires et l'expérience de l'âge. On aime à retrouver en lui le digne descendant de ce François de Noailles qui fut le plus habile et le plus célèbre des diplomates du XVIe siècle. On aime à voir cet héritier d'un grand nom ne chercher dans l'illustration de ses aïeux que des motifs d'une noble émulation, et se préparer ainsi, par des études sérieuses, à continuer avec éclat ces mêmes aïeux, en se mettant en état de rendre comme eux des services à son pays.

M. le duc de Noailles a traité toutes les graves questions soulevées depuis dix ans dans le domaine de la politique extérieure. Le noble pair n'a laissé passer aucun évènement extérieur sans l'envisager, du haut de la tribune, en lui-même, et du point de vue où il jugeait les actes du gouvernement. — Ainsi, dans son opinion sur l'indemnité due aux Américains, par suite des prises faites en vertu des décrets de Berlin et de Milan, il traita la question des neutres et de la liberté des mers, en démontrant qu'on avait le droit d'exiger que la neutralité fût toujours armée et se défendît elle-même. « Sans cela, — » disait-il, — le principe même de la neutra- » lité serait détruit, et, sous prétexte de violen- » ces, une nation prétendue neutre, et à l'abri » de cette neutralité, pourrait impunément ser- » vir les intérêts des ennemis. » — En 1835, il appela toute l'attention du gouvernement sur les conséquences commerciales et surtout poli- tiques de l'association des douanes allemandes, alors dans son plus grand développement. Mais deux questions surtout ont été l'objet sérieux et constant de ses méditations ; ce sont : la ques- tion d'Espagne et la question d'Orient, les deux plus graves, en effet, qui aient surgi, depuis la révolution de 1830, sur la scène politique du monde.

Ces deux questions ont fourni au noble pair l'occasion de développer un système complet de politique extérieure, système où domine cons- tamment, d'une manière presqu'absolue, l'exclu- sion de l'alliance anglaise, qu'il a toujours condamnée, en s'appuyant sur la concurrence inévitable et générale des intérêts anglais et des intérêts français. Selon lui, cette rivalité d'intérêts, se manifeste sans cesse, se manifeste partout, et doit constamment compromettre ou rendre trop coûteuse une alliance qui ne peut être pour nous qu'oppressive ou mensongère ; une alliance qui, pendant dix ans, a été nuisible à nos intérêts dans le règlement de toutes les questions diplomatiques, petites ou grandes, et qui nous a été onéreuse enfin, en Espagne, en Portugal, en Belgique, en Allemagne, en Grèce, en Orient et même en Amérique.

Nous partageons complètement les idées générales de M. le duc de Noailles sur la nature de l'alliance anglaise, à laquelle nous n'avons jamais reconnu qu'une utilité de circonstance, essentiellement transitoire. Nous regrettons, comme lui, que la révolution de 1830 ait momentanément imposé à notre gouvernement la nécessité de cette alliance que nous considérons, en principe, comme également contraire aux intérêts de la France et aux traditions de sa politique. Mais, en nous plaçant au point de vue de cette situation même, en faisant la part des exigences du moment, nous ne croyons pas que la monarchie du 7 août aurait pu chercher un point d'appui solide ailleurs que dans l'alliance anglaise, qui alors avait le mérite de l'opportunité ; et nous pensons qu'on doit louer, de ce point de vue des faits accomplis, la perspicacité des hommes d'état qui ont fondé cette alliance, et l'intelligence de ceux qui ont su la maintenir, sans accorder au cabinet de Londres des concessions trop onéreuses. — Nous voulons parler surtout de M. le prince de Talleyrand, de M. le comte Molé, de M. Thiers et de M. Guizot.

M. le duc de Noailles reconnaissait lui-même, du reste, cette opportunité, cette utilité, cette nécessité dans un discours du 4 juillet 1836 où il disait:

« On ne peut disconvenir que, dans l'isolement
» où la France se trouva après les évènemens de
» 1830, au milieu des craintes et de la défiance
» générale du continent, c'était une nécessité im-
» périeuse pour elle que de se jeter dans l'al-
» liance anglaise, et ç'a été une habileté que de
» l'avoir conquise. Cette alliance a produit deux
» grands résultats : elle a affermi le gouverne-
» ment nouveau, ce qu'on ne saurait reprocher à
» ce gouvernement, et elle a puissamment con-
» tribué à la continuation de la paix, qui a épargné
» à la France et au monde peut-être d'incalcula-
» bles désastres. Ainsi l'utilité de l'alliance an-
» glaise a été dans le besoin impérieux que le
» gouvernement en avait, et son bienfait, on peut
» l'avouer, a été dans le maintien de la paix en
» Europe. »

Plus loin, à la vérité, il ajoutait : « Le devoir
» et l'habileté de ceux qui gouvernent, consis-

» tent à reconnaître le moment où l'on peut
» abandonner ces intérêts accidentels pour faire
» rentrer le plus tôt possible la politique dans les
» intérêts permanens et positifs du pays. » Ici,
nous sommes entièrement de l'avis du noble pair.

Nous nous empressons d'ailleurs de reconnaître, qu'éclairée enfin par une expérience de dix
années, et par le jour nouveau que des faits récens ont jeté sur cette question, l'opinion publique ratifie aujourd'hui les vues éclairées et profondes de M. le duc de Noailles sur cette alliance
anglaise, que la presse et la tribune poursuivent
maintenant de leurs anathèmes, et que le noble
pair combattait seul autrefois au palais du Luxembourg, avec M. le marquis de Dreux-Brézé, contre
la Chambre des pairs, contre le gouvernement,
contre le pays tout entier. Nous reconnaissons
aussi que cette protestation solennelle et persévérante contre l'alliance anglaise était utile et
bonne, car si les évènemens ne permettaient
pas qu'elle eût des résultats immédiats, elle empêchait du moins que cette alliance ne devînt, à
l'aide de ces évènemens, la base durable de notre
système de politique extérieure; elle servait à rappeler enfin les saines et vieilles traditions de la
diplomatie française. Honneur donc à M. le duc
de Noailles d'avoir averti, dès l'origine, la nation
des dangers d'une alliance que les sympathies,
alors générales, de l'esprit public accueillaient
avec un enthousiasme et un aveuglement qui la ren-

daient plus dangereuse encore. Aujourd'hui que
les circonstances se sont modifiées, nous l'espérons du moins, aujourd'hui que l'appui de l'Angleterre n'est plus pour nous d'une nécessité aussi
complète et aussi absolue, aujourd'hui qu'un autre
système d'alliances nationales devient sans doute
possible, nous pouvons féliciter hautement M. le
duc de Noailles de son patriotisme, de son courage
et de sa clairvoyance. Ce n'est pas du reste que nous
approuvions, dans son ardeur et dans sa vivacité,
la réaction qui s'opère aujourd'hui, dans l'opinion
publique, contre l'Angleterre ; nous aimons à trouver partout la modération du langage unie à la
fermeté des actes. Nous aimons que dans toutes
les questions de politique extérieure ou intérieure, on écoute avant tout les conseils de la prudence et de la raison. Mais nous eussions vu avec
douleur que l'alliance anglaise fût devenue pour
long-temps le principal pivot de notre système
d'alliances.

M. le duc de Noailles ne condamne pas seulement notre politique extérieure, sous le rapport
de l'alliance anglaise, à laquelle, il se plaît, un
peu trop peut-être, à croire que la France a été
condamnée, en quelque sorte, par la révolution
de 1830 ; il reproche encore, d'un point de vue
plus général, à cette politique de reposer aujour-
d'hui sur un principe qu'il regarde, avec raison,
comme également faux et funeste. Ce principe,
qu'on ne saurait trop repousser, en effet, est

celui qui proclame la similitude des institutions comme devant être la base première des alliances et le lien principal des peuples.

« De l'examen, »—dit M. le duc de Noailles dans un discours qu'il a prononcé le 4 juillet 1836, dans la discussion du budget du ministère des affaires étrangères, — « de l'examen attentif des » faits, il résulte que toute notre politique exté- » rieure semble reposer aujourd'hui sur un prin- » cipe que je regarde comme erroné et pouvant » être funeste ; à savoir, que ce qui doit faire le » principal lien et la base des alliances entre les » peuples, c'est la similitude des principes de gou- » vernement. Il est facile, en effet, de reconnaî- » tre, et par le langage du gouvernement en plu- » sieurs circonstances, et surtout par les faits qui » se sont succédé depuis six ans, que telle est la » principale pensée de notre politique, soit qu'elle » ait été imposée par les circonstances, soit qu'elle » ait été un calcul du cabinet.

» C'est sur ce système, qui d'ailleurs me paraît » avoir séduit beaucoup d'esprits en France, que » j'appelle vos plus sérieuses réflexions, et c'est » contre lui que je me fais un devoir, au nom des » intérêts de mon pays, de m'élever dans ce » moment; système qui me paraît faux en lui- » même ; qui peut avoir les plus graves consé- » quences pour l'avenir ; qui peut compromettre » nos plus grands intérêts ; qui peut diminuer de » beaucoup notre puissance ; qui peut renverser

» tout l'équilibre européen; qui ne tend qu'à par-
» tager l'Europe en deux camps ennemis et à y
» perpétuer des luttes de théorie gouvernemen-
» tale qui peuvent finir par embraser le monde;
» politique d'opinions le plus souvent en opposi-
» tion avec la politique des intérêts nationaux
» qui est la meilleure, la plus utile, la plus sen-
» sée des politiques; système d'ailleurs que con-
» tredit l'histoire à chaque page : nous en trou-
» verions de nombreux exemples. Je n'invoque
» point ici des idées usées par le temps; je ne suis
» point de ceux qui marchent à reculons vers l'a-
» venir, les regards fixés sur le passé. Je sais les
» changemens que le mouvement du siècle et des
» esprits impose à la politique, mais j'ai assez de
» foi en la liberté de mon pays pour ne pas croire
» à la nécessité des coalitions pour elle, et je suis
» en garde contre un entraînement aveugle qui
» foulerait aux pieds les leçons de l'expérience.

M. le duc de Noailles oppose à ce système d'alliances, fondé sur les sympathies des principes et
sur les ressemblances des gouvernemens, un système, selon nous, bien plus rationnel et bien plus
profitable, un système fondé sur des considérations positives. Il conseille de remplacer la politique des opinions par la politique des intérêts.
Il convient que les alliances sont choses passa-
gères et doivent varier selon les circonstances;
mais il pense cependant, et nous sommes de son
avis, il pense qu'il en est que certaines puissan-

ces se trouvent naturellement portées à adopter, par leur position géographique et par l'identité habituelle de leurs intérêts.

Il nous a semblé que M. le duc de Noailles voulait particulièrement indiquer dans ce sytème, comme devant former le faisceau fondamental de nos alliances, la Russie, la Prusse, l'Espagne, les Etats-Unis et la Hollande, dont les intérêts risquent rarement d'être en opposition avec les nôtres. C'est dans ce faisceau d'alliances que le noble pair voit la garantie la plus durable et la plus forte de notre prépondérance sur le continent, et le moyen le plus puissant pour nous de contenir sur la mer la domination toujours envahissante de l'Angleterre, notre principale, notre éternelle rivale dans la politique et dans l'industrie.

Dans tous les discours que M. le duc de Noailles a prononcés sur la question d'Espagne, il a, dès l'origine, prophétisé les embarras et les dangers que notre politique rencontre aujourd'hui dans la situation de cette contrée, et ses prévisions n'ont été malheureusement que trop justes et trop vraies.

Le noble pair a constamment reproché au gouvernement le système qu'il a suivi à l'égard de la Péninsule; il l'a surtout accusé d'avoir puissamment contribué à la révolution qui s'y est faite, en s'empressant de prêter, dès l'origine, à cette révolution, un appui énergique, et surtout en la fortifiant par le traité de la quadruple alliance. Cette politique paraît à M. le duc de Noailles opposée, sous tous les rapports, aux intérêts français ; il lui adresse trois graves reproches. Le premier de ces reproches, c'est d'avoir laissé détruire, dans la Péninsule, la loi salique qui maintenait la maison de France sur le trône d'Espagne, et qui avait fait entrer cette puissance dans le système français, système duquel résultait un double avantage ; celui d'une sécurité complète sur notre frontière du midi, sécurité qui nous permettait de porter toutes nos forces et toute notre attention sur nos frontières du nord, et celui de l'appui d'une nation puissante et voisine, appui d'autant plus désirable que, par sa situation géographique et le long développement de ses côtes, l'Espagne pourrait nous aider grandement contre l'Angleterre. Le noble pair rappelle alors que c'étaient là les résultats précieux de la grande politique de Louis XIV, méditée déjà par Henri IV et Richelieu, et dont l'anéantissement peut aujourd'hui faire monter un prince étranger, un prince ennemi sur le trône d'Espagne. Cette dernière circonstance, qui est peut-être à la veille de se produire, ne fait-elle pas pour nous, dit-il, de la révolution espagnole l'évènement le plus grave qui se soit produit dans le système extérieur de la France, depuis la révolution de 1830, n'est-elle pas le grief le plus sérieux que l'on puisse adresser à ce système.

Le second reproche que M. le duc de Noailles
adressait à la politique du cabinet français, c'é-
tait d'avoir, en réalité, favorisé, à notre porte,
le développement que les évènemens nouveaux,
survenus dans la Péninsule, donnaient à l'esprit
révolutionnaire, et cela, au moment même où
les évènemens de 1830 auraient dû engager le
gouvernement, qui se proclamait un gouvernement de résistance, à apaiser de toutes parts
cet esprit dangereux qui menaçait alors toute
l'Europe.

Le troisième reproche que M. le duc de Noailles faisait au pouvoir nouveau dans la question
d'Espagne, se fondait sur les résultats immédiats
de sa politique dans cette question, résultats qui
se produisaient, sous nos yeux mêmes, comme
les frais de l'armée d'occupation sur la frontière
des Pyrénées, les pertes que notre commerce
éprouvait dans le midi, les progrès que l'influence
anglaise faisait dans la Péninsule. Il ajoutait enfin qu'un autre résultat fâcheux de cette politique, résultat également immédiat, était d'avoir
placé le cabinet français, sinon dans l'obligation
de persévérer, malgré lui, dans une voie que
ce cabinet reconnaissait être imprudente et dangereuse, du moins, dans la nécessité de montrer
alors, en reculant devant les conséquences de
son système, son impuissance et sa faiblesse. Le
gouvernement français, en effet, ne voulait pas,
ne pouvait pas vouloir appuyer, par les armes

et par la force, la cause qu'il avait embrassée, la cause dont il avait promis d'être le soutien.

Selon nous, la révolution espagnole a été fatale à nos intérêts; car le pacte de famille, s'il n'était pas toujours une garantie complète contre toute éventualité possible de désaccord entre les deux gouvernemens, était cependant mille fois préférable au pacte d'opinion qu'on prétendait, en vain, lui substituer. La destruction de la loi salique en Espagne est à coup sûr un évènement que nous devons déplorer. Mais il n'appartenait pas au gouvernement français de s'immiscer dans la politique intérieure de l'Espagne, autrement que par des conseils, autrement que par son influence morale. Nous ne croyons pas qu'il lui fût possible d'empêcher, de prévenir la révolution qu'une main royale elle-même avait préparée dans la Péninsule. C'est dans cette persuasion que nous ne saurions blâmer le cabinet des Tuileries d'avoir accepté, telle que les évènemens l'avaient faite, la nouvelle situation de la monarchie espagnole, et d'avoir cherché, dans des voies également nouvelles, les moyens d'y conserver son influence. Mais nous croyons, en effet, qu'il avait dépassé le but, en souscrivant au traité de la quadruple alliance, car ce n'était plus seulement de conseils et de négociations qu'il s'agissait alors, c'était d'une coopération réelle, en faveur de la révolution, au détriment du droit ancien, au détriment des garanties que ce droit donnait aux intérêts français.

C'est de ce point de vue que nous avons jugé, que nous avons condamné déjà la pensée d'une intervention armée dans les affaires intérieures de la Péninsule. C'est de ce point de vue que nous avons loué M. le comte Molé d'être arrivé à la tête des affaires pour épargner à la France cette nouvelle faute, pour lui épargner les sacrifices qu'elle lui aurait coûtés et les embarras qu'elle lui aurait légués, quoique, à vrai dire, ce fût rétrograder, en-deçà de la politique qui avait dicté le traité de la quadruple alliance, quoique ce fût peut-être reculer devant les conséquences de cette politique. Mais à nos yeux, ce n'était pas de l'impuissance ni de la faiblesse; c'était de la sagesse et de la prudence. Il y avait sagesse et prudence, en effet, à restreindre le sens, à atténuer la portée de ce traité, conçu sous l'empire de préoccupations trop vives et d'entraînemens irréfléchis.

A l'occasion de cette question espagnole, dont l'issue est encore un problème et dans laquelle nous marchons sans cesse vers l'imprévu et vers l'inconnu, M. le duc de Noailles rappelle, dans un noble langage, les vrais principes de la politique extérieure, comme il avait rappelé plusieurs fois les saines traditions de la politique intérieure.

« Ce n'est pas seulement, dit le noble pair,
» ce n'est pas seulement par le rétablissement de
» l'ordre à l'intérieur du pays que le grand œu-
» vre peut être achevé, c'est aussi par le rétablis-

» sement à l'extérieur des principes politiques
» vrais, moraux, conséquens, d'accord avec les
» bases voulues pour le maintien des sociétés. Ce
» n'est pas tout que d'arrêter le désordre dans la
» rue et même de réprimer la propagande à l'ex-
» térieur. L'emploi de la force ne suffit pas pour
» faire rentrer dans l'esprit des peuples la pensée
» et le besoin de l'ordre. La société est quelque
» chose d'intellectuel et de moral qui tient à des
» principes distincts de la pure force. Il faut, de
» la part de ceux qui gouvernent, accord entre les
» idées et les faits, moralité tout à la fois dans les
» doctrines et dans les actions, quelque chose de
» clair que les peuples comprennent et à quoi
» ils se confient, et, quand il s'agit de gouverner
» une monarchie, des principes et des opinions
» franchement monarchiques ; il ne suffit pas d'ê-
» tre un gouvernement de résistance, ce que la
» France veut, ce dont elle a besoin, c'est un
» gouvernement monarchique. La résistance n'est
» pas la monarchie, il ne faut pas s'y tromper.
» La résistance, c'est l'emploi de la force maté-
» rielle, l'usage intelligent de la force légale ;
» mais cela ne suffit pas pour donner au pouvoir
» la force morale dont il a besoin, et cela ne veut
» point dire qu'on doive méconnaître le temps où
» nous sommes, et ne tenir aucun compte des
» grands changemens qui se sont faits dans les
» esprits. Qui ne voit ces changemens ? Mais quel-
» que grands qu'ils aient été, il y a des choses

» qui ne changent pas : on ne gouverne qu'à cer-
» taines conditions ; et je me souviens ici des bel-
» les paroles que M. le ministre de l'instruction pu-
» blique, devant qui je parle en ce moment,
» prononçait l'année dernière à la tribune de
» l'autre Chambre : « Je ne pense pas, disait-il,
» que le progrès d'une société consiste à avancer
» aveuglément et toujours dans la même voie,
» sans se demander si c'est la voie qui conduit la
» société à son bien. Quand la société est tombée
» dans la licence, le progrès c'est de retourner
» vers l'ordre. Quand la société a abusé de cer-
» taines idées, le progrès c'est de revenir de l'a-
» bus qu'on en a fait; le progrès c'est toujours de
» rentrer dans la vérité, dans les conditions éter-
» nelles de la société. Notre société, ajoutait-il,
» a besoin de retrouver les principes d'ordre et
» de conservation qu'elle a long-temps perdus,
» et vers lesquels elle cherche à retourner. Le
» véritable progrès, c'est de la faire marcher
» dans cette voie dans laquelle elle est en ar-
» rière, et non de la pousser en aveugle dans des
» voies où elle s'est peut-être déjà trop avancée,
» qui la mèneraient à sa ruine et non à sa gran-
» deur.

» Cette belle doctrine, Messieurs, ne s'appli-
» que pas seulement au gouvernement intérieur
» d'un état, mais aussi à la conduite de ses rap-
» ports avec les peuples étrangers. Et ici le gou-
» vernement doit y réfléchir, car le moment est

» grave. Il s'agit de savoir s'il peut faire ce que
» les véritables intérêts de la France exigent; deux
» voies sont ouvertes devant lui, mais si au de-
» dans comme au dehors il ne suivait pas, il ne
» pouvait pas suivre la meilleure; s'il restait dans
» des voies indécises, occupé à se débattre con-
» tre les conséquences des principes qu'il aurait
» posés, il justifierait ce que plusieurs ont dit de
» lui, qu'il ne suffirait pas à son œuvre; il accu-
» serait par là son impuissance, l'impossibilité
» d'accomplir la mission qu'il s'est donnée; il pa-
» raîtrait comme un arbre dont la racine est sé-
» chée, et qui n'a pas en lui la source de la vie.
» Il est temps qu'il y songe, les intérêts de la
» France l'exigent, l'Europe regarde et attend. »

Déjà, dans plusieurs occasions, principalement
dans les discours qu'il avait prononcés sur l'em-
prunt grec, le 8 juin 1833, et sur le budget, le 4 juillet 1836, avant même que l'opinion publique s'en
fût préoccupée, comme elle l'a fait depuis, le noble pair, qui en sentait toute l'importance, appe-
lait l'attention du gouvernement sur la question
d'Orient, l'engageait à s'y préparer de loin, à
former ses plans, à chercher ses alliés. Les aver-
tissemens de M. le duc de Noailles furent malheureusement inutiles. On sait comment cette question, lorsqu'elle a éclaté, a surpris le gouvernement français, et par quelle issue malheureuse
elle s'est terminée. Dans la discussion de l'adresse,
du 6 janvier 1840, alors que la bataille de Nézib

avait eu lieu, que la question d'Orient commen-
çait à agiter l'opinion publique, M. le duc de Noailles traita, sous toutes ses faces, cette question capitale, dans un discours qui fit une grande im-
pression sur la Chambre et sur le pays.

Après avoir retracé, dans un résumé clair et
rapide, les évènemens dont l'Orient avait été le
théâtre depuis dix ans; après avoir montré la
grandeur, après avoir indiqué les conséquences
du dénouement qui s'y prépare, après avoir an-
noncé enfin la dissolution plus ou moins pro-
chaine, mais infaillible, de l'empire ottoman,
M. le duc de Noailles s'exprime ainsi :

« Certes, aucun évènement ne peut être plus
» important en Europe, et il vaut la peine d'y
» songer d'avance. L'Orient appelé à de nouvelles
» destinées; l'Egypte et Constantinople se mon-
» trant de loin comme deux voies nouvelles ou-
» vertes au commerce de l'Inde; la Méditerranée,
» où la France est assise, et où elle doit tenir à
» être puissante, reprenant toute son impor-
» tance des temps anciens; enfin, des intérêts
» pour nous de toute nature, intérêts de terri-
» toire, intérêts commerciaux, intérêts d'équilibre
» européen, intérêts de civilisation générale; de
» l'issue de cette question, et de la place que la
» France y saura prendre, dépend sa position en
» Europe pendant plusieurs siècles. »

L'orateur examine ensuite la conduite du gouvernement, dans cette question, depuis la révolu-

tion de 1830, et lui reproche son incertitude et son inaction, en présence de l'action incessante de la Russie et de l'Angleterre, dont il expose les efforts et les actes. Il montre ces deux nations travaillant, depuis de longues années, de concert ou séparément, à se mettre en état de profiter de toutes les éventualités que présente la question d'Orient, tandis que le gouvernement français n'a rien fait, ni pour raffermir son influence à Constantinople, ni pour fonder sa prépondérance en Egypte, ni pour se rapprocher de la Russie, ni même enfin pour se concerter avec l'Angleterre son alliée.

« Ainsi, dit-il, rien avec personne, d'aucun
» côté : pas de plan, pas de prévision, pas de
» politique, pas de préparatifs, et cela en présence
» d'un évènement immense qui s'avance à pas
» lents vers nous, et que chacun voit venir.
» Qu'est-ce donc ? est-ce incapacité de la part de
» ceux qui ont été à la tête des affaires depuis dix
» ans ? ou bien la France est-elle encore enchaî-
» née par les évènemens de 1830, qui pèsent tou-
» jours sur elle, et lui ôtent la liberté de ses
» mouvemens ? Je laisse à la Chambre à décider
» la question. »

M. le duc de Noailles examine, après un rapide exposé, les différens systèmes à adopter dans cette grave question, le système turc, le système égyptien, le système du *statu quo*.—Il condamne le système du *statu quo* qui ne tend qu'à consacrer les

faits, à mesure qu'ils s'accomplissent, à laisser
la Turquie se dissoudre graduellement, sans que
nous nous préparions , dans l'avenir, à retirer
notre part dans cette immense dépouille d'un
vaste empire, et qui, sous prétexte d'empêcher
l'agrandissement de tous les principaux états eu-
ropéens, favorise, sans compensation pour nous,
l'agrandissement de puissances mieux placées que
la France , par le seul fait de l'affaiblissement
inévitable et successif de la Porte ottomane. —
M. le duc de Noailles condamne aussi le système
turc qui n'est qu'une impossibilité, car la Turquie ne peut plus redevenir un empire puissant,
et, placée d'ailleurs à une extrémité de l'Europe, elle ne peut plus être aujourd'hui pour nous,
comme autrefois, un allié utile. — Le noble pair
condamne enfin le système exclusivement égyptien, qui ne songerait qu'à fonder un empire
arabe, composé de l'Egypte et de la Syrie, et cela, dans le but d'éviter la nécessité d'aborder de
front l'importante question du démembrement
de l'empire turc, question qu'il est prudent, peut-
être, d'ajourner aujourd'hui dans l'état où se
trouve l'Europe, et surtout dans la situation où la
France est placée vis-à-vis des autres puissances.
Le noble pair pense que dans cette grande question la politique française doit être égyptienne,
en ce sens, qu'elle doit tendre à fonder en Egypte
une puissance qui soit assez fortement assise, pour
occuper par elle-même, dans une sorte d'indé-

pendance, ces importans territoires de l'Egypte
et de la Syrie , convoités depuis long-temps par
l'Angleterre, qui songe, sinon à les conquérir, du
moins à y dominer par son influence, mais qui ne
peut y établir cette influence qu'autant que ces
territoires, dont la possession, au moins indi-
recte, lui importe immensément dans l'intérêt
de ses communications avec l'Inde, se trouveront
dans la dépendance éloignée d'un faible et vaste
empire.

M. le duc de Noailles conseille franchement au
gouvernement français de marcher à ce but, en
s'appuyant, dans la question d'Orient, sur la Russie ; car dans les grandes affaires, dit-il, il ne suffit pas d'avoir un plan , il faut encore avoir des
alliés pour le faire prévaloir ; il s'agit de bien
choisir ces alliés. Il invite donc le gouvernement
à contracter avec la Russie une étroite union,
dans cette grande question qui, plus tard, et selon la marche des évènemens, pourrait offrir à
la France, sur le continent même, et du côté du
Rhin, d'amples dédommagemens aux agrandissemens que, de son côté, la Russie pourrait trouver en Orient, agrandissemens qui ne seraient
en rien contraires à nos intérêts industriels ou
politiques.

« Ainsi, disait-il, on suffisait à l'intérêt actuel,
» qui était d'empêcher que l'Egypte ne devînt,
» en quelque sorte, un terrain vacant dont s'em-
» parerait, indirectement au moins, l'Angleterre,

» qui par ce moyen achèverait d'écraser notre
» influence dans la Méditerranée, et en même
» temps, on pouvait se ménager, d'accord avec
» la Russie, un avantage plus grand et plus po-
» sitif encore pour l'avenir. »

La Russie, en effet, peut seule aujourd'hui remplacer notre antique alliée du Bosphore. L'utilité
de l'alliance turque fondée par François de Noail-
les sous François Ier, consistait dans la position géographique de l'empire ottoman qui plaçait toute
l'Allemagne entre la France et la Turquie, et
l'enfermait entre deux nations amies. La Russie,
empire nouveau, encore plus puissant, également
éloigné, sans contact avec nous, sans intérêts rivaux, nous présente les mêmes avantages.

Ainsi qu'on le voit, M. le duc de Noailles in-
diquait ici la vraie politique, la politique des intérêts, la politique qui améliore le présent et
prépare l'avenir, une politique enfin toute tra-
ditionnelle et toute française ; il finissait en donnant un avertissement mémorable, dont la prévoyance ne s'est trouvée que trop tôt justifiée, six
mois après, par le traité du 15 juillet : « Prenez-
» y garde, disait-il alors, prenez-y garde, car si
» vous ne prenez les devans sur l'Angleterre,
» vous la verrez bientôt vous abandonner, et
» s'allier avec la Russie contre vous. »

M. le duc de Noailles se plaint souvent, se
plaint amèrement, avec un accent austère et convaincu qui atteste assez la sincérité de son lan-

gage, avec une tristesse éloquente et généreuse qui décèle l'ardeur de son patriotisme, de l'infériorité de notre diplomatie dans les conseils monarchiques de l'Europe, et de l'affaiblissement de notre influence dans les destinées du monde civilisé. Il rattache sans cesse, et avec raison, cet affaiblissement d'influence, à la situation que la révolution de 1830 nous a faite, situation qui est la source réelle de la diminution de notre action dans les conseils diplomatiques de l'Europe, car c'est à elle que nous avons dû l'impossibilité d'établir des rapports intimes avec les autres cabinets du continent, et c'est aussi cette impossibilité qui nous a fait une nécessité de l'alliance anglaise.

Ces plaintes du noble pair, inspirées d'ailleurs par un noble sentiment, ne paraissent malheureusement que trop justifiées par les faits apparens qui se produisent partout, dans le domaine de la politique étrangère, surtout depuis la chute du cabinet du 15 avril, le seul, peut-être, qui, grâce à la volonté, à l'influence et à l'habileté de son illustre chef, put lutter avec avantage contre les difficultés extérieures. Il faut donc convenir, avec M. le duc de Noailles, que cette révolution de 1830, que nous n'aurions pas voulue, plus que lui, mais qu'il faut bien accepter comme un fait accompli, a rendu, à l'extérieur aussi bien qu'à l'intérieur, la tâche du gouvernement singulièrement plus difficile et plus laborieuse. Mais nous ne craignons pas d'affirmer hautement que notre puissance extérieure dépend surtout de notre tranquillité intérieure. Le jour où il n'y aurait plus qu'une France, unie, compacte et serrée sous le drapeau conservateur de la monarchie représentative, une France se reposant avec calme dans l'ordre et dans la liberté, et marchant pacifiquement aux conquêtes de l'industrie et de la civilisation, ce jour là, cette France pèserait de nouveau, dans la balance du monde, de tout le poids de la France conquérante et belliqueuse de Louis XIV et de Napoléon.

Selon nous, c'est donc à l'apaisement des passions, à la restauration des principes sociaux, au redressement de notre monarchie représentative, aujourd'hui boiteuse, que doivent travailler, d'abord, tous ceux qu'anime un sincère amour du pays. Or, nous croyons que le parti tout entier des légitimistes est appelé à contribuer puissamment à ce résultat. Nous pensons surtout que M. le duc de Noailles, qui, depuis dix ans, donne à ce parti l'exemple de la dignité de la conduite et de la modération du langage, est personnellement destiné à exercer une haute influence sur l'avenir du pays, par l'action qu'il a naturellement sur les hommes de son opinion.

Nous ne devons pas oublier l'éloge de M. le comte de Chabrol que M. le duc de Noailles a prononcé, le 9 mars 1837, à la Chambre des pairs, ainsi que son discours du 25 mars 1841, sur les fortifications de Paris. L'un et l'autre se distinguent également par la précision du langage et la netteté des idées, par un certain tour éloquent dans la phrase et de beaux mouvemens oratoires, par l'éclat et l'élégance. Ce sont du reste les qualités que l'on rencontre dans tous les discours du noble pair.

Dans l'éloge du comte de Chabrol, M. le duc de Noailles s'était proposé de tracer le portrait de l'honnête homme dans les affaires publiques et de caractériser, à cette occasion, cette opinion intelligente et modérée, appelée *centre droit*, sous la restauration. Il indique lui-même la première de ces pensées dans les paroles suivantes qui ouvrent cet éloge d'une manière brillante.

« Parmi toutes les illustrations et toutes les
» gloires que chaque âge voit éclore, au milieu
» surtout de l'éclat que jettent ces époques rares
» et fécondes où la société, profondément remuée
» en elle-même, permet au génie de se faire jour
» de toutes parts, met en lutte les passions les
» plus vives et les intérêts les plus divers, élève
» et renverse les fortunes, crée et détruit les cé-
» lébrités, il est une gloire durable parce qu'elle
» n'est pas contestée, envers laquelle les passions
» elles-mêmes sont justes, et qui reluit comme
» une lumière pure au milieu de tant de brillans
» météores, c'est celle de l'honnête homme dans
» les affaires publiques.

» Il n'a besoin ni d'éclat ni de prestige pour s'at-
» tirer les hommages des peuples; il ne lui faut
» ni la gloire des combats, ni les triomphes de
» l'éloquence, ni les prodiges de la politique qui
» quelquefois étonnent et changent le monde;
» mais le mérite modeste, la probité sévère, la
» religion de la conscience, l'unique occupation
» du bien public, le parfait désintéressement de
» soi-même, l'indépendance et la fermeté, et ce
» je ne sais quoi d'honnête et de loyal qui res-
» pire en sa personne, lui élèvent dans l'es-
» time des hommes un trône qui ne sera point
» renversé, parce qu'il honore le gouvernement
» lui-même, et inspire le respect pour l'auto-
» rité. »

M. le duc de Noailles retrace ensuite le rôle que remplissait, dans la Chambre des députés, le centre droit, dont le comte de Chabrol était l'un des représentans les plus purs et les plus distingués. Il suit, dans la vie de ce consciencieux député, les destinées de son parti, dans toutes leurs phases successives. Ce tableau animé, brillant et vrai, est l'histoire tout entière du centre droit.

« Le centre droit, dit-il, était sincèrement at-
» taché à la monarchie, et cherchait, dans la
» fidélité aux vrais principes de gouvernement,
» la résistance aux systèmes trompeurs et aux
» doctrines erronées qui devaient jeter la société
» dans la confusion; mais en même temps, il avait

» l'intelligence du temps actuel, des changemens
» qui s'étaient faits dans les esprits, des concessions
» qu'ils exigeaient, et de la puissance qui en était
» née ; il n'ignorait pas qu'il y a en politique une
» question qui domine celle de savoir ce qui
» est bien, c'est celle de savoir ce qui est pos-
» sible ; il se persuadait qu'entre tant de difficul-
» tés la plus grande habileté était la franchise, et
» il avait su comprendre et admettre le gouver-
» nement représentatif dans sa vérité. Enfin,
» au milieu de tant d'opinions diverses qui ten-
» daient à détruire, ou à exagérer ou à compro-
» mettre l'autorité royale, il pouvait être juste-
» ment regardé comme la raison gouvernemen-
» tale du temps. »

En retraçant du reste l'histoire du centre droit,
M. le duc de Noailles a esquissé toutes les prin-
cipales phases de la restauration qu'il justifie de
plusieurs reproches que l'esprit de parti lui
adresse avec autant d'injustice que de déloyauté.

« Dans le temps où nous vivons, dit M. le duc
» de Noailles, les évènemens sont si rapides et
» les changemens si soudains, que nous avons ce
» privilége, chèrement acheté, de pouvoir porter
» un jugement libre et vrai sur de grandes épo-
» ques historiques que nous avons vues naître et
» s'achever sous nos yeux, et qu'après avoir été
» contemporains et acteurs de ces grands évène-
» mens, nous nous survivons pour ainsi dire, et
» nous sommes à nous-mêmes, en quelque sorte,
» notre postérité.

» La république, l'empire, la restauration, ces
» trois grandes phases d'un siècle qui fournira les
» plus étonnans spectacles à l'histoire du monde,
» peuvent être appréciés par nous-mêmes avec la
» vérité de témoins oculaires et l'impartialité qu'on
» a d'ordinaire pour les temps qui ne sont plus. La
» restauration elle-même, malgré les passions à
» peine apaisées, voit arriver le jour de la justice
» pour elle, et, à mesure que la poussière qui s'est
» élevée de l'écroulement de l'édifice retombe, la
» lumière revient et permet de juger ce que valait
» ce gouvernement que quelques jours ont dé-
» truit, ses bienfaits et ses fautes, ses vertus et
» ses entraînemens, et, je ne crains pas de le
» dire, sa grandeur à travers ses faiblesses. S'il a
» eu ses erreurs et ses jours difficiles, le pays se
» ressouviendra pourtant de la prospérité dont il
» a joui alors, des libertés que la Charte lui avait
» données et auxquelles, malgré l'élan d'un mou-
» vement populaire, rien n'a pu être ajouté de-
» puis ; de la sécurité enfin à l'abri de laquelle
» s'élevèrent tant de rapides fortunes, tandis que
» trois expéditions brillantes, jusque-là par nul
» autre accomplies, la prise de Cadix, la liberté
» rendue à la Grèce et la conquéte d'Alger, ho-
» noraient, sans la troubler, cette paix à laquelle
» on devait tant de biens. »

M. le duc de Noailles, après avoir poursuivi
cette rapide et brillante esquisse jusqu'au moment où allait sonner la dernière heure de la res-

tauration , ajoutait enfin : « Ce serait le cas sans
» doute de s'écrier avec Montesquieu : « C'est ici
» qu'il faut se donner le spectacle des choses hu-
» maines ! » car je ne sais si jamais l'histoire a rien
» offert de plus extraordinaire que ce qui s'est
» passé alors sous nos yeux. Certes nous pouvons
» dire qu'aucun temps plus que le nôtre n'aura
» été fécond en graves sujets de méditation et
» d'enseignement ; soit qu'on aime à reconnaître,
» dans les changemens inouis qui se succèdent,
» la main de la Providence, qui conduit le monde,
» à travers les efforts des hommes, vers un but
» qu'ils ignorent eux-mêmes ; soit que, dans ces
» grands spectacles, on cherche à étudier les cau-
» ses prochaines et les ressorts humains par les-
» quels s'établissent et se ruinent les empires. Ces
» deux causes agissent à la fois ; car si, en pré-
» sence de l'histoire du genre humain tout en-
» tier, on ne peut s'empêcher de reconnaître que
» la société dans sa marche obéit à une loi mo-
» rale et cachée, comme les astres dans leur cours
» obéissent à une loi physique qu'ils ignorent,
» d'un autre côté on reconnaît bien la part d'ac-
» tion qui est laissée au génie de l'homme dans
» sa propre destinée. Sans doute les évènemens
» s'accomplissent selon la loi générale que la Pro-
» vidence a établie, mais aux hommes appartient
» le pouvoir d'en régler en quelque façon la mar-
» che ; sans doute la société, qui se modifie sans
» cesse, est poussée par la main de Dieu vers le

» but qu'il a marqué, mais lorsqu'il se trouve des
» mains habiles pour la conduire, elle y descend
» par des pentes adoucies et des chemins faciles,
» tandis que, lorsque ces mains manquent, elle
» y est précipitée à travers des abîmes. C'est
» ainsi que la vertu, la sagesse et la liberté ont
» leur action sur la terre, et qu'a été laissé à
» l'intelligence et à la raison humaines l'empire
» qui leur a été promis. »

M. le duc de Noailles, dans son discours sur
les fortifications de Paris, condamne avec autant
de force que de raison cette déplorable et gigan-
tesque entreprise, aussi coûteuse qu'inutile, et
qu'une fatale aberration a malheureusement pro-
tégée.

La loi sur les fortifications de Paris est exami-
née par le noble pair, sous son rapport financier,
dans les conséquences funestes qu'elle peut avoir
pour la ville de Paris, dans celles enfin qu'elle
peut avoir aussi pour la nationalité et pour la liberté de la France. Il démontre que la situation
du trésor de l'état d'un côté, et de l'autre, l'ur-
gence des grands travaux à faire, travaux très
coûteux aussi, mais beaucoup plus utiles, n'auraient pas dû permettre de songer en ce moment
à gréver nos budgets d'une charge aussi forte,
d'une dépense improductive aussi élevée. Il pré-
voit tout ce que Paris peut un jour devoir de désastres et de malheurs à la fatale ceinture de bastions et de forts dans laquelle on l'emprisonne.

« Oui, s'écrie-t-il, oui, l'imagination se révolte,
» et avec raison, à la pensée de voir Paris, cette
» ville ouverte à tous, cette capitale de la civilisa-
» tion, cette cité de luxe et de plaisirs, ce centre
» brillant des arts, des lettres et des sciences, où
» la pensée est si libre, où les allures sont si fran-
» ches et si faciles, d'où partent les lois que no-
» tre langue, notre littérature, nos arts, nos fri-
» volités mêmes imposent au monde, changée
» tout-à-coup en une ville de guerre, ses riants
» environs attristés ; ces longs espaces de terrain
» stérilisés et frappés de mort par vos servitudes
» implacables ; tout cet appareil guerrier enfin,
» qui rend l'idée de l'ennemi toujours présente,
» de la France toujours envahie, de l'Europe tou-
» jours coalisée contre nous comme contre un
» peuple mis au ban de tous les autres. Oui, quoi
» que vous disiez, votre projet détrône Paris,
» lui ôte son caractère, lui arrache son sceptre,
» c'est une atteinte à la civilisation elle-même. »
M. le duc de Noailles combat ensuite ceux
qui ne veulent voir la France que dans Paris qui
possède déjà la centralisation administrative, et
qui va posséder encore la centralisation militaire.
« Paris, dit-il, est devenu tout en France ; la vie
» entière de l'état semble s'y être retirée. Les pro-
» vinces vivaient jadis de leur vie propre ; elles
» étaient animées par leurs parlemens, par leur
» clergé, par leurs corps enseignans, par leurs
» corporations mêmes, par leurs administrations

» provinciales et municipales, par les états qui
» s'y tenaient, par la population riche que toutes
» ces causes y maintenaient; chaque partie con-
» courait ainsi à l'organisation et à la force de
» l'ensemble; le royaume était partout.

  » Aujourd'hui tout est languissant et mort en
» province; tout ce qui s'y élève un peu au-des-
» sus de la foule par sa richesse ou par son intel-
» ligence, s'en éloigne comme d'un climat étran-
» ger où l'on ne vit pas de la vie française.

  » Là, sans doute, est dans l'avenir une grande
» cause d'affaiblissement pour la France; là est
» un véritable danger et pour la vie de la nation,
» et pour la vie de la liberté; par votre projet de
» loi vous allez mettre le sceau à ce mauvais
» état de choses. »

C'est une haute et grave question que celle de
la centralisation. Nous n'avons point à la traiter
ici; mais nous devons dire que les réflexions de
M. le duc de Noailles, dont nous regrettons de
ne pouvoir citer qu'un passage, sont justes et sages, et que peut-être, en effet, la centralisation qui est éminemment utile, lorsqu'elle se
borne à assurer l'unité politique et gouverne-
mentale d'un royaume, sera un jour, grâce à
l'excès de ses envahissemens, l'écueil contre lequel viendra se briser la nationalité française.

Le noble pair énumère ensuite les dangers dont
les fortifications de Paris menacent la liberté,
dangers qui peuvent également venir du pouvoir

ou des factions, et, du haut de la tribune, il jette
cet avertissement aux législateurs de la France :

« Vous me direz que le pays n'en est point
» ému. Il se peut, en effet, que cette loi ne l'a-
» larme point, et ne l'ait point tiré de cette lan-
» gueur où l'a jeté la fatigue de tant de secousses,
» de révolutions, de déceptions qui, depuis cin-
» quante ans, l'ont coup sur coup accablé; mais
» ce qui vous rassure peut en alarmer d'autres.
» La tyrannie, a dit Montesquieu, commence tou-
» jours par le sommeil. Pour ceux qui ont pris
» au sérieux la liberté dans ce pays, et l'ont
» crue compatible avec les conditions de la mo-
» narchie, de l'autorité respectée, de la hiérar-
» chie sociale, et voient aujourd'hui tant de
» périls pour cette liberté même dans le nivel-
» lement complet, le fractionnement, l'indivi-
» dualisme de la société en France, où à la place
» des grands corps, gardiens des droits et des
» franchises, il n'y a plus que des partis qui se
» subdivisent eux-mêmes, se contredisent, se dé-
» mentent, se dissolvent; où tous les pouvoirs
» secondaires et locaux ont disparu, où toutes
» les existences se rapetissent, où les intérêts
» matériels absorbent, où tant de causes enfin
» semblent préparer, sans qu'on s'en doute,
» l'avenir d'un despotisme déguisé; pour ceux-
» là, il y a quelque chose de mystérieux et de
» redoutable dans ces forts et ces bastions qui
» tout-à-coup sortent de terre, et s'élèvent si-

» lencieusement autour d'un peuple insouciant et
» distrait, qui pourrait bien un jour se croire as-
» sez de liberté, pourvu qu'il en entendît seule-
» ment le nom. »

M. le duc de Noailles aborde enfin la question principale de la loi sur les fortifications de Paris, celle de la défense de la capitale, et il démontre victorieusement, que, de ce point de vue, ces for- tifications resteront également inefficaces et inu- tiles : inefficaces, parce qu'en aucun cas, Paris même fortifié, ne pourrait se défendre ; inutiles, parce qu'une coalition européenne contre la France n'est pas chose probable. « L'époque de
» 1814 et de 1815, dit le noble pair, est dans
» notre histoire, une lamentable exception qui
» ne doit pas se renouveler. Il faut, en effet,
» bien des siècles avant de voir se reproduire un
» de ces génies de la guerre et des conquêtes tel
» que nous l'avons vu, pour qui le monde n'est
» pas assez vaste, et qui, à force de le conquérir,
» de le dompter, de le fouler, pour ainsi dire, aux
» pieds, l'oblige enfin à se soulever tout entier
» contre lui, tremblant même encore au moment
» où il l'écrase de son poids immense, que le géant
» ne se relève et ne le renverse ! Il n'y a donc
» rien à prévoir pour le retour de ces temps pro-
» digieux, non plus que pour ceux de César et
» d'Alexandre.

» La coalition européenne est impossible à for-
» mer aujourd'hui contre nous, à moins que nous

» ne la formions de nos propres mains, c'est-à-
» dire, à moins que la révolution se jetant au
» dehors, ce qu'elle ne manquerait pas de faire
» si elle éclatait violemment au dedans, n'efface
» entre les puissances tous les intérêts opposés
» qui les divisent, pour les réunir dans un sen-
» timent commun de défense personnelle contre
» nous.

» Jetez un coup-d'œil rapide sur l'état du mon-
» de! Où est l'intérêt unanime qui pourrait le
» coaliser pour l'anéantissement de la France?
» Que d'intérêts divergens, au contraire, empê-
» cheraient les puissances de s'allier dans un but
» pareil, et font que l'existence forte et respectée
» de la France est un élément nécessaire à la
» prépondérance de chacune d'elles!

» La Russie est la rivale de l'Angleterre en
» Asie, la rivale de l'Angleterre dans la Méditer-
» ranée, sa rivale même sur le continent; car
» ces deux colosses, se sentant grandir partout,
» se mesurent partout du regard, et la Russie
» sait bien où serait sa force contre l'Angleterre;
» c'est la pensée que portait le radeau de Tilsitt,
» et cette pensée il ne l'a pas engloutie!

» L'Autriche est française contre la Prusse,
» qui peu à peu et sans bruit la supplante dans
» la domination de l'Allemagne, dont elle me-
» nace de saisir bientôt le sceptre.

» La Prusse est française contre l'Autriche et
» l'Angleterre. C'est une avant-garde russe;

» mais elle médite pour elle-même un grand
» avenir; et si la France était anéantie, elle se-
» rait absorbée par la Russie ou détruite par
» l'Autriche. La Confédération germanique n'a-
» t-elle pas tout à perdre par les charges de la
» guerre, et rien à gagner à une coalition contre
» la France ?

» L'Angleterre elle-même, enfin, notre rivale
» partout, qui partout veut nous amoindrir parce
» que nous seuls lui disputons l'approvisionne-
» ment du monde, l'Angleterre a besoin de nous
» comme de son levier sur le continent, parce
» qu'elle y a d'autres rivaux que nous.

» Vous le voyez donc, la coalition est une chi-
» mère, et la véritable fortification de Paris,
» c'est l'équilibre européen lui-même. »

Plus loin il ajoutait : « Oui, la coalition que
» vous redoutez ne peut avoir lieu que contre le
» drapeau déployé de la révolution armée et
» conquérante, menaçant tous les trônes, tous les
» intérêts, et la France, sans doute, alors pour-
» rait y périr, mais ce ne sont pas vos fortifica-
» tions qui la sauveraient, et c'est la révolution
» qui l'aurait tuée. »

Ici s'arrête l'examen de la vie parlementaire
de M. le duc de Noailles. Nous croyons avoir suffisamment démontré, par cet examen, que le noble pair a toujours suivi avec constance et fermeté la ligne qu'il s'était tracée, et il y a, ce nous
semble, un grand mérite à avoir su conserver,

6

pendant douze ans, une position aussi délicate, dont il était d'autant plus difficile de ne pas dévier, qu'elle était plus étroite et plus glissante.

Après la révolution de 1830, presque toute l'ancienne pairie avait disparu du palais du Luxembourg, par une retraite volontaire, ou par l'exclusion violemment et illégalement prononcée contre elle, par la Chambre des députés, transformée ce jour-là, au palais Bourbon, en véritable assemblée constituante. La pairie dès-lors ne se trouva guère plus composée que de partisans du nouveau régime, serviteurs dévoués, récemment élus par les ministres de ce même régime. Il restait bien encore dans la Chambre des pairs de la révolution de 1830 un noyau de la Chambre des pairs de la restauration; ce noyau venait s'asseoir sur les bancs de la pairie, triste, mais silencieux. M. le duc de Noailles a seul formé, au palais du Luxembourg, où il n'existait pas, où il n'existe point encore de partis politiques, M. de Noailles a seul formé, disons-nous, avec M. le marquis de Brézé, l'opposition réelle. Pendant douze ans, ces deux orateurs ont seuls porté à la Chambre des pairs, dans les discussions publiques, tout le poids de cette opposition. Nous devons ajouter ici, que, s'ils ont combattu sous un même drapeau et avec des principes communs, ils se distinguent cependant l'un de l'autre par des allures, non pas contraires, mais différentes.

M. le duc de Noailles nous semble céder diffi-
cilement à la vivacité des impressions du moment ; il sait maîtriser ses sentimens, il se gouverne surtout par les inspirations de la raison. Sa
parole s'exerce sur des matières diverses ; il
traite avec éloquence les questions de principes ;
il traite avec maturité les questions d'affaires. Il
a le double mérite enfin de ne pas s'effacer dans
une couleur politique indécise et douteuse, et de
n'emprunter sa force ni à la violence du langage, ni à l'exagération des doctrines ; la ligne
d'opposition dans laquelle il est resté est, en même temps, très définie et très modérée.

Esprit prudent, réfléchi, observateur, le noble pair s'est attaché au principe de la légitimité,
comme à la barrière la plus puissante et la plus
logique à opposer aux théories révolutionnaires.
Mais, plus soucieux de conserver à la France les
doctrines religieuses, politiques et morales qui
font la stabilité, la force et la prospérité des états,
que de servir les intérêts et les passions d'un
parti, s'il n'a pas cru devoir sanctionner, par une
adhésion active, l'avènement d'un pouvoir dont
l'origine lui paraissait funeste, dont le principe
lui semblait dangereux, il n'a pas voulu cependant divorcer avec le pays.

C'est en sachant résister à l'entraînement de
l'esprit de parti, sans absoudre cependant de son
origine ce pouvoir né d'une révolution, que
M. le duc de Noailles s'est fait dans la politique

une place spéciale. On pourrait même dire que tout en restant uni aux légitimistes, de sentimens et de principes, il s'est créé au milieu d'eux une situation exceptionnelle. Nous savons, du reste, qu'il conseille au parti légitimiste de sortir de son rôle passif d'observation et de s'armer à son tour des droits constitutionnels que lui donne la Charte pour rentrer dans la vie politique active, ressaisir sa part naturelle de pouvoir dans les affaires publiques, prendre hautement en main la défense des principes conservateurs de la société, et faire prévaloir ses idées et ses sentimens dans la marche des affaires publiques.

Nous retrouvons dans cette conduite et dans ce langage l'intelligence et la sagacité ordinaires de M. le duc de Noailles, son patriotisme ardent et éclairé, sa loyauté et sa modération. Nous applaudissons de grand cœur à ces heureuses et nobles dispositions d'un jeune pair que nous regardons comme l'un des hommes politiques les plus sérieux du parti légitimiste, et qui en est à coup sûr l'un des orateurs les plus éloquens, l'un des membres les plus éminens et les plus considérables. Nous avons déjà dit au commencement de cette étude, que M. le duc de Noailles représente l'une des deux grandes fractions du parti légitimiste, celle qui chaque jour doit grandir en nombre et en puissance. Nous ne craignons pas d'ajouter ici, qu'à nos yeux, il est quelque chose de plus que le symbole d'une opinion politique. Il nous paraît être la personnification la plus complète et la plus caractéristique de toute une classe d'hommes qu'on doit compter parmi les élémens les plus nécessaires et les plus importans qui serviront à reconstituer la société sur de nouvelles bases. C'est en lui enfin que nous voyons aujourd'hui la personnification de la grande noblesse territoriale, de même que nous voyons dans M. le comte Molé, non seulement le véritable chef du parti conservateur actuel, mais encore l'expression la plus large et la plus haute de l'esprit qui animait jadis tout le corps de la noblesse parlementaire. Des hommes ainsi posés dans les régions élevées, par la double influence de leur action personnelle et de leurs traditions historiques, ont une importante, une haute signification, plus sociale encore peut-être que politique. Ce sont d'abord des individualités brillantes; mais ce sont aussi des classes entières, ce sont des intérêts et des idées.

Si nous insistons ici sur ce rapprochement, c'est que, selon nous, ce n'est que dans la fusion de ces deux classes transformées de la vieille société, la noblesse territoriale et la noblesse parlementaire que nous apercevons, dans l'avenir, la possibilité de former le noyau d'un véritable et puissant parti conservateur, où l'on trouverait l'intelligence des temps nouveaux réunie à la tradition des temps anciens. C'est peut-être de cette fusion que dépend le salut du pays, qui ne

peut être sauvé que par les hommes de conservation. Aussi, nous appelons ce résultat de
nos vœux les plus ardens et les plus sincères,
car l'ordre et la liberté ont également besoin du
concours actif de tous les hommes que leur
origine, leur fortune et leur position rendent
les défenseurs naturels des vrais principes de
gouvernement. Nous l'appelons ardemment, car
nous espérons d'une représentation nationale
plus intelligente et plus élevée, moins envieuse
et moins passionnée; d'une représentation nationale, enfin, formée des élémens que le parti des
légitimistes, renferme plus qu'aucun autre; nous
espérons, disons-nous, d'une représentation nationale ainsi combinée, la réédification de la
Chambre des pairs et la restauration de la monarchie représentative, nous en espérons, surtout, l'alliance de l'ordre avec la liberté, la force
de l'état, la grandeur, la puissance et la prospérité du pays.

Si l'on ne veut pas que l'arche sainte de nos
institutions aille, un peu plus tôt, un peu plus
tard, se briser contre l'anarchie ou le despotisme
qui sont le Charybde et le Scylla de notre mer
politique, il faut que la garde suprême en soit
confiée à une classe d'hommes assez grands pour
être jaloux de leurs droits, et assez forts pour
pouvoir les défendre.

Mais, en dépit de préventions irréfléchies et
d'antipathies aveugles, nous ne craignons pas de

le dire, c'est encore dans les débris qui nous restent du passé qu'il faut aller chercher la première assise, l'assise principale de l'aristocratie contemporaine, que tant d'élémens nouveaux d'ailleurs viennent naturellement compléter avec autant de grandeur que de justice.

Nous sommes heureux de rencontrer M. le duc de Noailles dans cette belle ligne politique. C'est un de ces hommes toujours sûrs de conquérir, par la supériorité de leur talent et la noblesse de leur caractère, l'estime même de leurs adversaires politiques. C'est un de ces hommes que l'on regretterait de voir indéfiniment écarté, par les circonstances, du maniement des affaires publiques auquel semble au contraire les destiner une aptitude spéciale.

Nous compléterons enfin cette biographie, par ce portrait de M. le duc de Noailles que nous croyons juste et vrai. C'est un homme dont la parole est grave, la physionomie sérieuse. Ses traits sont fortement caractérisés; on devine tout de suite, sous cette enveloppe calme et énergique, l'ardeur de l'esprit unie à la réflexion de la pensée. Tout en lui décèle l'homme à conceptions fortes, tout révèle une haute intelligence et un grand caractère.

AMÉDÉE DE CESENA.

BIBLIOTHÈQUE NATIONALE R. F. IMPRIMÉS

www.ingramcontent.com/pod-product-compliance
Lightning Source LLC
Chambersburg PA
CBHW071459030726
47593CB00003B/1060